KÖNIGS ERLÄUTERUNGEN

Band 404

Textanalyse und Interpretation zu

E. T. A. Hoffmann

DER SANDMANN

Horst Grobe

Alle erforderlichen Infos für Abitur, Matura, Klausur und Referat
plus Musteraufgaben mit Lösungsansätzen

Zitierte Ausgaben:
Hoffmann, E.T.A.: *Der Sandmann. Das öde Haus. Nachtstücke.* Husum/Nordsee: Hamburger Lesehefte Verlag, 2009 (Hamburger Leseheft Nr. 174, Heftbearbeitung: Elke und Uwe Lehmann). Zitatverweise sind mit **HL** gekennzeichnet.
Hoffmann, E.T.A.: *Der Sandmann*, hrsg. v. Rudolf Drux. Stuttgart: Philipp Reclam jun., 2009 (Reclams Universal-Bibliothek Nr. 230); Nachdruck der durchges. und bibliogr. erg. Ausgabe 2004. Zitatverweise sind mit **R** gekennzeichnet.

Über den Autor dieser Erläuterung:
Horst Grobe, Jahrgang 1944, Studium der deutschen und englischen Philologie, der Philosophie und der allgemeinen Sprachwissenschaften (Bonn 1963–69), Fremdsprachenassistent in Großbritannien (1966/67), Referendariat (Aachen 1970/71), Tätigkeit im gymnasialen Schuldienst in Nordrhein-Westfalen in verschiedenen Funktionen seit 1969, Dr. phil. (Bochum 1993).

Das Werk und seine Teile sind urheberrechtlich geschützt. Jede Verwertung in anderen als den gesetzlich zugelassenen Fällen bedarf der vorherigen schriftlichen Einwilligung des Verlages.
Hinweis zu § 52 a UrhG: Die öffentliche Zugänglichmachung eines für den Unterrichtsgebrauch an Schulen bestimmten Werkes ist stets nur mit Einwilligung des Berechtigten zulässig.

5. Auflage 2016
ISBN 978-3-8044-1909-4
PDF: 978-3-8044-5909-0; EPUB: 978-3-8044-6909-9
© 2000, 2010 by C. Bange Verlag GmbH, 96142 Hollfeld
Titelbild: Istockphoto, © Iconogenic
Alle Rechte vorbehalten!
Druck und Weiterverarbeitung: Tiskárna Akcent, Vimperk

INHALT

1. DAS WICHTIGSTE AUF EINEN BLICK – SCHNELLÜBERSICHT   6

2. E. T. A. HOFFMANN: LEBEN UND WERK   9

2.1 Biografie   9
2.2 Zeitgeschichtlicher Hintergrund   13
Hoffmanns juristische Laufbahn   13
Reformen in Preußen   15
2.3 Angaben und Erläuterungen zu wesentlichen Werken   19
Romantik: Kunst, Natur, Ich   19
Hoffmanns Lebensmodi   21

3. TEXTANALYSE UND -INTERPRETATION   25

3.1 Entstehung und Quellen   25
3.2 Inhaltsangabe   30
Erster Hauptteil   30
    Nathanael an Lothar   30
    Clara an Nathanael   31
    Nathanael an Lothar   31
    Zwischenrede des Erzählers   31
    Vorgeschichte   31
Zweiter Hauptteil   32
3.3 Aufbau   35
Erster Hauptteil   35
Zweiter Hauptteil   36

	3.4 Personenkonstellation und Charakteristiken	37
	Nathanael und Clara	38
	Nathanaels Entwicklung	39
	Clara	41
	Nathanael und Olimpia	42
	Clara und Olimpia	45
	Coppelius und Coppola	47
3.5	**Sachliche und sprachliche Erläuterungen**	53
3.6	**Stil und Sprache**	56
	Der Status des Textes	57
	Die Vieldeutigkeit der Erzählung	57
	Nathanaels Geschichte als Krankengeschichte	58
	Die Elemente des Unheimlichen	60
	Die Erzählweise	61
	Erster Hauptteil	61
	Zweiter Hauptteil	74
	Zentrale Motive	79
	Das Motiv des Auges	79
	Das Automatenmotiv	88
3.7	**Interpretationsansätze**	93

4. REZEPTIONSGESCHICHTE 96

Krankengeschichte	96
Wirklichkeit eigener Art	98

5. MATERIALIEN 101

6. PRÜFUNGSAUFGABEN 111
   MIT MUSTERLÖSUNGEN

LITERATUR 123

STICHWORTVERZEICHNIS 126

1. DAS WICHTIGSTE AUF EINEN BLICK – SCHNELLÜBERSICHT

Für einen schnellen Überblick werden hier einige Hinweise gegeben.

⇨ S. 9 ff.

Im zweiten Kapitel wird die **Biografie E. T. A. Hoffmanns** beschrieben und in den **zeitgenössischen Kontext** gestellt:

→ Hoffmann war als Jurist auf den **preußischen Staat** als Arbeitgeber angewiesen und von seinem Umbruch existenziell betroffen. Das Dienstverhältnis war durch Maßnahmen wie Zensur, Strafversetzung usw. belastet; dennoch blieb er in seinem Denken und Handeln unabhängig. Nach dem **Zusammenbruch des Staates 1806** war er viele Jahre arbeitslos.
→ Als Jurist und Künstler ist E. T. A. Hoffmann **eine Mehrfachbegabung**. Er komponiert, dichtet, malt. Das Theater ermöglicht ihm, seine Fähigkeiten einzusetzen. Zeitweise kann er durch Tätigkeit am Theater, durch Musikunterricht und durch Karikaturen seinen Lebensunterhalt bestreiten.

Das dritte Kapitel bringt eine Textanalyse und -interpretation. Informationen und Deutungen zu folgenden Aspekten werden dargestellt:

Der Sandmann – Entstehung und Quellen:

⇨ S. 25 ff.

Der Sandmann ist im Jahre 1816 in dem zweibändigen Zyklus *Nachtstücke* erschienen.

Inhalt:

Der Sandmann besteht aus zwei aufeinander bezogenen Teilen. In der Erzählung stellt ein Erzähler nach drei Briefen der Hauptpersonen und einer Zwischenrede die **Lebensgeschichte des sensiblen Nathanael** in verschiedenen Perspektiven dar. Nathanael sieht sich feindlichen Mächten, die sich in der Gestalt des Sandmanns verdichten, ausgesetzt, während seine Verlobte Clara und ihr Bruder Lothar dies für eine Einbildung halten, von der er sich befreien muss.

⇨ S. 30 ff.

Chronologie und Schauplätze:

Die Erzählung beschreibt in Szenen zusammengerafft das Leben der Hauptfigur Nathanael. Sie spielt an zwei Schauplätzen, in Nathanaels irgendwo in einer Provinzstadt gelegenem Elternhaus und in einer nicht näher bezeichneten Universitätsstadt.

⇨ S. 35 f.

In zwei Hauptteilen werden die Ereignisse aus Nathanaels Leben dargestellt und durch verschiedene Erzähler und damit verbundene Zeit-, Orts- und Perspektivenwechsel vielfältig aufeinander bezogen.

Personen:

Die Personen verweisen aufeinander.

⇨ S. 37 ff.

→ **Clara** wird in Nathanaels Herzen durch **Olimpia** verdrängt. Sie ist eine lebensgroße Holzpuppe, die erst durch Nathanaels Blick zum Leben erweckt wird.

→ An die Stelle von **Coppelius**, der mit dem **Vater** alchemistische Versuche machte, die zu dessen Tod durch eine Explosion führte, tritt **Coppola**. Als er sich mit **Spalanzani** um **Olimpia** streitet, wird **Nathanael** wahnsinnig.

→ Im Wechsel von Krankheit und Genesung hat sich Nathanaels Befinden immer wieder verschlechtert, und auch diesmal ist die Genesung nicht dauerhaft. Am Ende stürzt er sich von einem Turm, als er den zurückgekehrten Coppelius erblickt.

Stil und Sprache Hoffmanns:

⇨ S. 56 ff.

Die Vieldeutigkeit des Textes verweist auf die Wirklichkeit, die Erzählung erfolgt mit wechselnder Erzählweise und beinhaltet zentrale Motive.

Interpretationsansätze:

⇨ S. 93 ff.

Aus den Aspekten der Textanalyse und -interpretation ergeben sich vielfältige Zugänge für das Verständnis von Hoffmanns Erzählung:

→ Innenwelt und Außenwelt
→ Selbst- und Fremdwahrnehmung
→ Krankheit und Gesundheit
→ Wahnsinn und Normalität
→ Künstlertum und Bürgertum
→ Aufklärung und Romantik
→ Historizität und Modernität

2. E.T.A. HOFFMANN: LEBEN UND WERK

2.1 Biografie

E.T.A. Hoffmann
1776–1822
© Cinetext

JAHR	ORT	EREIGNIS	ALTER
1776	Königsberg	Ernst Theodor Wilhelm Hoffmann am 24. Januar geboren; seinen letzten Vornamen änderte er etwa 1809 aus Verehrung für W. A. Mozart in Amadeus. Vater: Christoph Ludwig Hoffmann (1736–1797), Advokat am preußischen Gerichtshof in Königsberg; Mutter: Luise Albertine Hoffmann geb. Doerffer (1748–1796). Geschwister: Johann Ludwig (1768 geboren und früh verstorben), Carl Wilhelm Philipp (1773 bis nach 1822).	
1778	Königsberg	Scheidung der Eltern, Ernst wird der Mutter zugesprochen und wächst im Haus der Großmutter Sophie Luise Doerffer geb. Voeteri (gest. 1801) auf; Erziehung durch den Bruder der Mutter, Otto Wilhelm Doerffer (1741–1803), und die Schwester der Mutter, Johanna Sophie Doerffer (1745–1803).	2
1782–1791	Königsberg	Besuch der reformierten Burgschule, Beginn der Freundschaft mit Theodor Gottlieb Hippel (1775–1843); Privatunterricht beim Organisten Podbielsky und beim Maler Saemann.	6–15
1792–1795	Königsberg	Jurastudium an der Universität Königsberg, Hoffmann erteilt Musikunterricht; Verhältnis mit Dora Hatt (1766–1803), die zu diesem Zeitpunkt bereits verheiratet ist und fünf Kinder hat.	16–19

2.1 Biografie

JAHR	ORT	EREIGNIS	ALTER
1795	Königsberg	Erstes juristisches Examen und erste Dienststellung als Regierungs-Auskultator (d. i. Referendar) in Königsberg.	19
1796	Glogau	Versetzung an das Obergericht Glogau auf Betreiben seines Patenonkels Johann Ludwig Doerffer (1743–1803), der dort Rat ist; dadurch wird dem Verhältnis mit Dora Hatt ein Ende gesetzt; Ernst wohnt beim Onkel; Liebe zur Cousine Sophie Wilhelmine (Minna) Constantine Doerffer (1775 bis nach 1832), der Tochter des Patenonkels.	20
1798	Glogau	Zweites juristisches Examen; Verlobung mit Minna, Beförderung des Onkels zum Obertribunalrat in Berlin; Versetzung Hoffmanns nach Berlin; Übersiedlung der Familie Doerffer und Hoffmanns nach Berlin.	22
1798–1799	Berlin	Tätigkeit am Kammergericht; Wiedersehen mit Jugendfreund Theodor Gottlieb Hippel.	22–23
1800	Berlin Posen	Assessorexamen. Versetzung nach Posen (das zu dieser Zeit zu Preußen gehört), Gerichtsassessor am Obergericht in Posen.	24
1802	Plock	Strafversetzung an das Gericht in Plock wegen Karikaturen auf preußische Offiziere; sie verstärken einen Konflikt zwischen Verwaltung und Militär. Auflösung der Verlobung mit Minna Doerffer; Eheschließung mit Maria Thekla Michalina (Mischa) Rorer-Trzynska.	26
1804	Warschau	Ernennung zum Regierungsrat und Übersiedlung nach Warschau; Beginn der Freundschaft mit Eduard Hitzig (1780–1847), der am selben Gericht tätig ist.	28
1805	Warschau	Geburt der Tochter Cäcilia (gest. 1807).	29

2.1 Biografie

JAHR	ORT	EREIGNIS	ALTER
1806	Warschau	Ende von Hoffmanns beamteter Tätigkeit in der Justiz, nachdem das Gericht nach dem Einmarsch der Franzosen seine Arbeit einstellt und die preußischen Behörden aufgelöst werden.	30
1807	Berlin	Umzug nach Berlin; vergebliche Stellensuche; Teilnahme am kulturellen Leben.	31
1808	Bamberg	Umzug nach Bamberg; Tätigkeit am Theater zunächst als Kapellmeister, dann als Komponist.	32
1809	Bamberg	Bankrott des Theaters; Hoffmann als privater Musiklehrer; Erscheinen des *Ritter Gluck* in der Leipziger „Allgemeinen Musikalischen Zeitung", seitdem Mitarbeit als Musikkritiker.	33
1810	Bamberg	Freundschaft mit Dr. Adalbert Friedrich Marcus (1753–1816); Neueröffnung des Bamberger Theaters unter Franz von Holbein, Mitarbeit Hoffmanns als Direktionsgehilfe, Hauskomponist, Bühnenarchitekt und Kulissenmaler.	34
1811	Bamberg	Unerwiderte Liebe zur fünfzehnjährigen Gesangsschülerin Julia Marc (1796–1865).	35
1813	Leipzig Dresden	Musikdirektorstelle in Joseph Secondas in Leipzig und Dresden auftretender Operngesellschaft.	37
1814	Leipzig Dresden Berlin	Kündigung nach Streit mit Seconda, Tätigkeit als Karikaturist und Komponist; nach dem Sieg Preußens über Napoleon Wiedereinstellung in den preußischen Staatsdienst (zunächst ohne feste Besoldung) durch Vermittlung Hippels.	38
1815	Berlin	Beginn der Freundschaft mit Ludwig Devrient; Tätigkeit im Justizministerium.	39

2.1 Biografie

JAHR	ORT	EREIGNIS	ALTER
1816	Berlin	Ernennung zum Kammergerichtsrat; *Nachtstücke I* erscheint, darin **Der Sandmann**.	40
1819	Berlin	Mitglied der „Immediatkommission zur Ermittelung hochverräterischer Verbindungen und anderer gefährlicher Umtriebe"; Konflikt mit Ermittlungsbehörde.	43
1820	Berlin	Einsatz Hoffmanns in der Kommission zugunsten des verhafteten „Turnvaters" Jahn.	44
1821	Berlin	Entlassung aus der Kommission auf eigenen Wunsch; Ernennung zum Mitglied des Oberappellationssenats am Kammergericht.	45
1822	Berlin	Disziplinarverfahren wegen Hoffmanns Erzählung *Meister Floh*; E.T.A. Hoffmann am 25. Juni gestorben.	46

2.2 Zeitgeschichtlicher Hintergrund

2.2 Zeitgeschichtlicher Hintergrund

ZUSAMMEN-
FASSUNG

→ Nach dem Zusammenbruch von 1806 führte Preußen grundlegende Reformen durch. Sie sollten in den Bereichen Militär, Wirtschaft, Verwaltung und Bildung Kräfte für den Wiederaufstieg des Staates freisetzen.
→ Das aufstrebende Bürgertum der Zeit wird durch einen lebhaften Kulturbetrieb angesprochen.
→ E.T.A. Hoffmann war als Jurist auf den preußischen Staat als Arbeitgeber angewiesen. Das Dienstverhältnis war durch Strafversetzung, Disziplinarverfahren und Zensurmaßnahmen belastet. Viele Jahre war er ohne Stelle, als die Gerichtstätigkeit nach dem Einmarsch der Franzosen in Warschau eingestellt war.

E.T.A. Hoffmann wurde 1776 in eine Juristenfamilie hineingeboren. Ein prägendes Elternhaus hatte er nicht, die Eltern wurden 1778 geschieden, die Kinder wuchsen getrennt auf. Der Vater Christoph Ludwig Hoffmann, Advokat am preußischen Gerichtshof in Königsberg, starb 1797; die Mutter, Luise Albertine Hoffmann geb. Doerffer, war ein Jahr vorher gestorben. Er wuchs bei Onkel und Tante, Otto Wilhelm Doerffer und Tante Johanna Sophie Doerffer, auf.

Kein prägendes Elternhaus

Hoffmanns juristische Laufbahn

Nach Schulzeit und Jurastudium trat er in den preußischen Staatsdienst ein. Er legte die erforderlichen Prüfungen ab und durchlief die Beamtenlaufbahn:

Preußischer Staatsdienst

2.2 Zeitgeschichtlicher Hintergrund

JAHR	STUFE	ORT
1792–1795	Studium	Universität Königsberg (erstes juristisches Examen 1795)
1795–1798	Referendar	Königsberg, Glogau (zweites juristisches Examen 1798)
1798–1800		Berlin (Assessorexamen 1800)
1800–1802	Assessor	Posen
1802–1804		Plock
1804–1806	Regierungsrat	Warschau
1804–1822	Kammergerichtsrat (ab 1816)	Berlin; Immediatkommission (1819–1821), Disziplinarverfahren (1822)

Die berufliche Tätigkeit fand sowohl bei Regierungs- als auch bei Gerichtsstellen statt. Seine Ausbildung absolvierte er mit großem Erfolg, seine Dienstpflichten erfüllte er zur großen Zufriedenheit des Dienstherrn. Dreimal wurde die Laufbahn empfindlich gestört:
→ 1802 durch die Strafversetzung nach Plock,
→ 1806 durch die Besetzung Warschaus durch die Franzosen,
→ im letzten Lebensjahr durch das Disziplinarverfahren.

1802 Strafversetzung Hoffmanns

Anlass für die Strafversetzung waren einige bei einem Ball herumgereichte Karikaturen Hoffmanns auf preußische Offiziere. Hintergrund war die in der Kleinstadt Posen aufsehenerregende Verurteilung eines Anwalts wegen Beleidigung eines Offiziers. Die bereits ausgefertigte Ernennungsurkunde zum Regierungsrat wurde nicht ausgehändigt. Stattdessen wurde die Versetzung in die Provinz verfügt. Nach zwei Jahren wurde Hoffmann dann zum Regierungsrat ernannt und nach Warschau versetzt.

1806 frz. Besetzung Warschaus

Durch die französische Besetzung Warschaus zwei Jahre später waren die preußische Verwaltung und damit auch die Gerichts-

2.2 Zeitgeschichtlicher Hintergrund

tätigkeit eingestellt. Hoffmann war ohne Dienstherrn und diese Phase dauerte acht Jahre an. Erst 1814 konnte er in den Staatsdienst zurückkehren.

In den letzten Lebensjahren war er durch einen Konflikt mit dem Dienstherrn belastet. Er wurde 1819 in die „Immediatkommission zur Ermittelung hochverräterischer Verbindungen und anderer gefährlicher Umtriebe" berufen. Dieses Gremium war im Zusammenhang mit den „Demagogenverfolgungen" gebildet worden und sollte mit juristischen Mitteln gegen die bürgerliche und liberale Opposition vorgehen. Diese Erwartung erfüllte Hoffmann nicht. Er ließ sich von der politischen Zielsetzung nicht beeindrucken und kam zu eigenständigen juristischen Schlussfolgerungen, die der Regierung nicht genehm waren. So vertrat er im Fall des „Turnvaters" Jahn die Auffassung, dass dessen Inhaftierung unbegründet sei. Hoffmanns Widersacher war der Polizeidirektor Kamptz. Er bewirkte, dass die Entscheidung der Kommission wirkungslos wurde, und Hoffmanns Berufung wurde auf eigenen Antrag zurückgenommen. In kaum verhüllter Form stellte Hoffmann seine Erfahrungen in der Erzählung *Meister Floh* dar. Gegen sie schritt die Zensur ein und gegen Hoffmann wurde ein Disziplinarverfahren eingeleitet.

Konflikt mit dem Dienstherrn

1822 Disziplinarverfahren

Reformen in Preußen

Als Beamter, der sowohl im Rechtswesen als auch in der Verwaltung tätig war, gehörte Hoffmann zu einer der führenden Schichten in Preußen. Die Auseinandersetzung mit der Französischen Revolution hatte das alte Preußen verloren. Der Zusammenbruch wurde durch die militärische Niederlage im Jahr 1806 in der Doppelschlacht von Jena und Auerstädt deutlich. Reformen waren erforderlich. Dazu war die Mitwirkung der Beamtenschaft erforderlich. Folgende Reformen wurden in Angriff genommen:

Niederlage Preußens 1806 bei Doppelschlacht von Jena u. Auerstädt

2.2 Zeitgeschichtlicher Hintergrund

Soziale Reformen

→ Bauernbefreiung (1807)
→ Aufhebung der Zünfte mit eingeschränkter Gewerbefreiheit (1810/11)
→ Abschaffung des Frondienstes (1811)
→ Judenemanzipation (1812)

Regierungs- und Verwaltungsreform

→ Einrichtung von Ministerien (1808)
→ Staatliche Gliederung in Provinzen, Regierungsbezirke, Kreise (1808)
→ Kommunalreform: Wahl von Stadtverordneten (1808)

Heeresreform

→ Schaffung eines Volksheeres (1807/1814)

Bildungsreform

→ Gründung der Universität Berlin (1810)
→ Staatliche Gymnasialordnung (1812)

Grundzüge der Reformen	Die Reformen zielten auf die Freisetzung von Kräften in nahezu allen Bereichen: Wirtschaft und Soziales, Regierung und Verwaltung, Militär und Bildung. Sie sind u. a. mit den Namen Stein, Hardenberg, Humboldt, Scharnhorst und Gneisenau verknüpft.
„Revolution von oben"	Die Reformen stellten eine „Revolution von oben" dar. Ihnen liegt ein Menschenbild zugrunde, das auf die Philosophie von Kant und Fichte und die Pädagogik Pestalozzis zurückgeht. Autonomie und Freiheit vom Staat sind Kennzeichen des Staatsbürgers, der durch loyales und verantwortliches öffentliches Handeln Träger des Modernisierungsprozesses ist. Die Beamtenschaft war durch
Beamtenschaft als Garant des Modernisierungsprozesses	Zuverlässigkeit, Sparsamkeit und Uneigennützigkeit Garant dieses Prozesses. Mit diesen Merkmalen entsprach sie dem Prinzip von Befehl und Gehorsam des Soldatenstandes und verlängerte
Neues gesellschaftliches System	es in den öffentlichen Bereich hinein. Damit war ein gesellschaftliches System entworfen, das die absolutistische Ständegesellschaft ablöste. Im Gegensatz zum Gesellschaftssystem, das sich

2.2 Zeitgeschichtlicher Hintergrund

aus der Französischen Revolution entwickelte, war der preußische Staatsbürger an die obrigkeitliche Verwaltung gebunden, die ihm zuerkannte, was er sich aufgrund seines selbstverantwortlichen Handelns erdient hatte.

Allerdings ließ sich der Entwurf dieses gesellschaftlichen Systems nicht vollständig verwirklichen. Die Gründe dafür sind sehr vielfältig. Der Wille zur Reform entsprang gerade bei denen, die sie umsetzen sollten, nicht einer tief gefühlten Einsicht, sondern war nur eine unliebsame Konsequenz aus dem staatlichen Zusammenbruch, die es zu vollziehen galt, solange keine Alternative sichtbar wurde. Daher war das Reformvorhaben nicht abgesichert und wurde nur inkonsequent umgesetzt. Durch Adel und Beamtenschaft ging ein tiefer Riss. *(Riss durch Adel u. Beamtenschaft)*

Auch gab es unterschiedliche Interessen, die in dem Maße auseinanderliefen und sich gegeneinander kehrten, in dem Napoleons Herrschaft zu Ende ging. Dem Adel ging es um die Konsolidierung und Wiedergewinnung seines Besitzstandes und seines Einflusses, während es den Burschenschaften und der patriotischen Bewegung, die aus der Freiheitsbewegung gegen Napoleon ihren Elan bezogen hatte, um die bürgerlichen Freiheiten und die Überwindung der Kleinstaaterei ging. Mit den von Metternich initiierten Karlsbader Beschlüssen von 1819, den Zensurbestimmungen und der sog. „Demagogenverfolgung" bestimmte das politische Establishment von einst wieder das Gesetz des Handelns. *(Divergierende Kräfte / Karlsbader Beschlüsse 1819)*

Als Jurist war Hoffmann in die schwebende Situation zwischen Reform und Restauration und die Erwartungen der Politik an die Justiz hineingestellt. Seine Stelle hatte er durch den Einmarsch der Franzosen in Warschau verloren und erst acht Jahre später trat er wieder in den Staatsdienst ein. Der Dienstherr schätzte seinen Arbeitseifer und sein Urteilsvermögen und berief ihn 1819 in die „Immediatkommission zur Ermittelung hochverräterischer Ver- *(Hoffmann zwischen Reform und Restauration)*

2.2 Zeitgeschichtlicher Hintergrund

bindungen und anderer gefährliche Umtriebe". Die Bezeichnung macht die Erwartungen der Politik an die Justiz deutlich. Sein unbestechliches Urteil bescherte Hoffmann einen Konflikt mit seinem Dienstherrn. Gegen ihn wurden ein Disziplinarverfahren und Zensurmaßnahmen durchgeführt.

Bürgertum als Träger des gesellschaftlichen Lebens und geschäftigen Kulturbetriebs

Das Schaffen E.T.A. Hoffmanns steht vor dem Hintergrund eines regen gesellschaftlichen Lebens und eines geschäftigen Kulturbetriebs. Träger ist das aufstrebende Bürgertum, das sich in Ermangelung direkter politischer Mitwirkungs- oder auch nur Einflussmöglichkeiten bei Salons, Theateraufführungen und Konzertveranstaltungen traf und diskutierte. Medien, in denen die neuen Gedanken und Ideen verbreitet wurden, waren u.a. Almanache und Taschenbücher. Zusammen mit der Presse waren sie Teil eines Marktes, auf dem ein Wettbewerb der Ideen stattfand.

2.3 Angaben und Erläuterungen zu wesentlichen Werken

2.3 Angaben und Erläuterungen zu wesentlichen Werken

Als Jurist und Künstler verwirklichte E.T.A. Hoffmann eine seltene Begabung. Kunst und Dienst, Fantasie und Pflichterfüllung gehen in Hoffmann eine Verbindung ein. In ihm kommen gegensätzliche Lebensmodi zusammen und geraten mehrfach in seiner Biografie miteinander in Konflikt. Die Epoche der Romantik ist der zeitliche Hintergrund seiner künstlerischen Existenz.

ZUSAMMENFASSUNG

Außer dem Beruf war für Hoffmann immer auch die künstlerische Tätigkeit wichtig. Während zunächst die Musik in Form von Unterrichten, Komponieren und Dirigieren seine künstlerische Tätigkeit in der Hauptsache ausmachte, so verschob sich der Schwerpunkt im Laufe der Zeit zur Literatur. Zugleich war er auch im bildnerischen Bereich tätig. Bei der Arbeit im und für das Theater und beim Verfassen von Rezensionen kamen alle seine Talente zusammen. Die Werke, die seinem umfassenden künstlerischen Schaffen entsprangen, waren nicht nur elementare Äußerungen der Kreativität, sondern auch Notwendigkeit im Sinne einer Sicherung der Lebensgrundlage. Dies galt besonders während der langen Zeit ohne dienstliche Stellung, aber auch dann, wenn er eine unbesoldete Dienststellung innehatte.

Hoffmanns vielfältiges künstlerisches Schaffen

Romantik: Kunst, Natur, Ich

Prägend für die künstlerischen Bestrebungen der Zeit ist die Romantik als Sammelbecken von Gegensätzlichem. Im Mittelpunkt steht das denkende, fühlende und ahnende Subjekt. Der Künstler

Zeit der Romantik

2.3 Angaben und Erläuterungen zu wesentlichen Werken

Fichte: Natur = Schöpfung des Ich

stellt in seiner Existenz und seinem Schaffen die Steigerung des Menschen dar. Darin wird die Philosophie Johann Gottlieb Fichtes (1762–1814) wirksam, in der das Ich denkend und handelnd sich selber setzt. Es setzt sich auch seine Grenzen, damit es sich in der Abarbeitung daran verwirklichen kann. So ist nach Fichte auch die Natur eine Schöpfung des Ich. Es ist nichts selbstständig Existierendes. Das Verhältnis von Ich und Natur wird durch Friedrich Wilhelm Joseph Schelling (1775–1854) genau umgekehrt bestimmt.

Schelling: Geist = Produkt der Natur

In seiner Philosophie ist der Geist das Produkt der Natur. Sie liegt allem zugrunde. Natur und Geist sind aufeinander bezogen. In der Natur manifestiert sich Geist, und Geist stellt Natur in unsichtbarer Form dar. Damit setzt sich Schelling von Fichte ab. Mit seiner Naturauffassung nimmt er Bezug auf Spinoza (1632–1677), dessen Ethik eine ganzheitliche Weltsicht verlangt: Da der Mensch nach vollkommener Erkenntnis strebt und da Gott vollkommen ist, muss es sein Ziel sein, eins mit Gott zu werden. Da Gott in allem ist, muss daher das Ziel des Menschen sein, eins mit der Natur zu werden. Schellings Naturphilosophie wurde von Gotthilf Heinrich Schubert (1780–1860) aufgegriffen und popularisiert. In sei-

Schubert: „Nachtseiten" u. Traum

nem Werk *Ansichten von der Nachtseite der Naturwissenschaften* (1808) geht er von einem ursprünglich einheitlichen Weltganzen aus, das sich im Laufe der Zeit auseinanderentwickelt habe. Doch in einigen Phänomenen bestehe noch eine Verbindung mit dem Ursprung. Dies sind die „Nachtseiten", zu denen das Phänomen des Traums gehört. Der forschende Umgang mit der Natur ist demnach durch Ahnung, Fantasie und Spekulation bestimmt. Anders als beim modernen experimentierenden und quantifizierenden Umgang mit der Natur wird von einem ganzheitlich erlebenden und forschenden Umgang mit der Natur ausgegangen, in die auch der Mensch als geistig-leiblich-seelisches Wesen einbezogen ist. Daher haben die Romantiker ein verstärktes Interesse an den un-

2.3 Angaben und Erläuterungen zu wesentlichen Werken

ausgeleuchteten Stellen des menschlichen Daseins, die nicht dem zergliedernden Verstand zugänglich sind. Schlaf, Traum, Krankheit und Seele ziehen ihre Aufmerksamkeit auf sich. Darin deuten sie auf die kollektiven Symbole voraus, die zu Beginn des 20. Jahrhunderts in der Psychologie erforscht wurden.

Dunkle Stellen des menschlichen Daseins

Hoffmanns Lebensmodi

Vor diesem Hintergrund ist auch das Schaffen E. T. A. Hoffmanns zu sehen. Am zeitgenössischen geistigen Leben nahm er besonders in Berlin lebhaft teil. Die Einbildungskraft, welche die Gegebenheiten von Welt und Gesellschaft außer Kraft setzt, ist für ihn eine zentrale Kraft. Seine romantische Subjektivität setzt auf souveräne Weise mit Hilfe der Ironie ein neues Bezugssystem, in dem die Verhältnisse der realen Welt auf groteske Weise verzerrt werden können. Komik und Ironie gestalteten eine reiche innere Welt. Dabei sind die Übergänge vom Realen zum Fantastischen, vom Normalen zum Anormalen, vom Gesunden zum Kranken fließend ausgestaltet, und auch die Bewertungen fallen je nach Standpunkt unterschiedlich aus. Häufig wiederkehrende Motive sind der Doppelgänger, der Künstler, der Wahnsinnige, und der Bürger wird in dieser Perspektive zum Philister. Die Bezeichnungen, die Hoffmann für seine Romane und Erzählungen verwendet, hat er der Malerei, der Musik und der bildenden Kunst entlehnt: Nachtstück, Fantasiestück. Sie lassen Hoffmanns Faszination an den dunklen Seiten der menschlichen Existenz erkennen. Dies geschieht in ahnender und fühlender Weise und schließt die eigene Person ein. Als Beamter und Künstler steht er im Schnittpunkt divergierender eigener und fremder Ansprüche. In seiner Existenz verbindet er den Beruf des Juristen mit der Berufung des Künstlers und damit zwei gegensätzliche Lebensmodi:

Einbildungskraft als zentrale Kraft

Fließende Übergänge v. Realen zum Fantastischen

Wiederkehrende Motive: der Doppelgänger, der Künstler, der Wahnsinnige

Faszination Hoffmanns an dunklen Seiten der Existenz

2.3 Angaben und Erläuterungen zu wesentlichen Werken

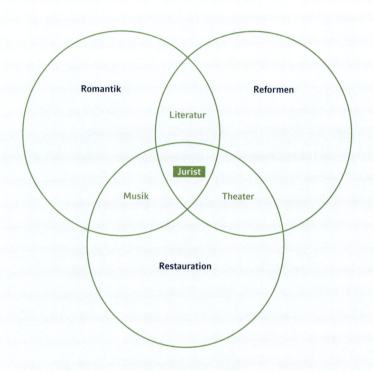

Künstlerisches Gesamtwerk

Hoffmanns literarische Werke sind als Teil eines künstlerischen Gesamtwerks, das auch Musik, Malerei und Theater umfasst, vor dem Hintergrund einer wechselhaften, oft durch Entbehrungen charakterisierten Biografie und tiefgreifender politischer Ereignisse zu sehen.

2.3 Angaben und Erläuterungen zu wesentlichen Werken

JAHR	ORT	EREIGNIS	ALTER
1795	Königsberg	Erste schriftstellerische Versuche, Einfluss des Verhältnisses zu Dora Hatt; Lektüre von Schillers *Geisterseher* und seiner ersten Dramen; Rousseaus *Bekenntnisse*; ferner Lektüre von Sterne, Swift, Lichtenberg, Jean Paul, Goethe u. a.	19
1798–1799	Berlin	Beschäftigung mit Musik und Malerei; Teilnahme am gesellschaftlichen und kulturellen Leben	22–23
1802	Plock	Strafversetzung von Posen nach Plock wegen Karikaturen auf preußische Offiziere	26
1805	Warschau	Von Hoffmann angeregte Gründung der „Musikalischen Gesellschaft", Übernahme von Funktionen	29
1806	Warschau	Planung der Renovierung für die Residenz der Gesellschaft, Ausführung von Wandmalereien, Dirigat beim Eröffnungskonzert; Einstellung der Gerichtstätigkeit wegen der Besetzung Warschaus durch die Franzosen	30
1807	Berlin	Vergeblicher Versuch, bei Musikverlagen und am Theater eine bezahlte Stellung zu erlangen	31
1808	Bamberg	Angebot einer Stelle als Kapellmeister am Bamberger Theater durch Graf von Soden; Misserfolg beim ersten Dirigat in Bamberg wegen einer Intrige, danach nur noch kompositorische Tätigkeit für das Bamberger Theater	32
1809	Bamberg	Bankrott des Theaters; Hoffmann als Musiklehrer; Erscheinen des *Ritter Gluck* in der „Allgemeinen Musikalischen Zeitung", seitdem Mitarbeit als Musikkritiker	33
1810	Bamberg	Neueröffnung des Bamberger Theaters unter Franz von Holbein, Tätigkeit Hoffmanns als Direktionsgehilfe, Hauskomponist, Bühnenarchitekt und Kulissenmaler	34

2.3 Angaben und Erläuterungen zu wesentlichen Werken

JAHR	ORT	EREIGNIS	ALTER
1812	Bamberg	Holbein übernimmt Theater in Würzburg; Hoffmann verlässt das Bamberger Theater und arbeitet als Musiklehrer und -rezensent	36
1814	Berlin	Umzug nach Berlin, probeweise Anstellung beim Kammergericht; *Fantasiestücke in Callots Manier I–III* (darin u.a.: *Ritter Gluck*, Erstdruck 1809; *Johannes Kreislers, des Kapellmeisters, musikalische Leiden*, Erstdruck 1810; *Don Juan*, Erstdruck 1813; *Nachricht von den neuesten Schicksalen des Hundes Berganza*; *Der goldene Topf*)	38
1815	Berlin	*Die Elixiere des Teufels I*; *Fantasiestücke in Callots Manier IV*	39
1816	Berlin	Ernennung zum Rat am Kammergericht; *Die Elixiere des Teufels II*; *Nachtstücke I* (darin: **Der Sandmann**); Uraufführung von Hoffmanns 1814 fertiggestellter Oper *Undine* (nach Fouqué) am Schauspielhaus	40
1817	Berlin	*Nachtstücke II* (darin: *Das öde Haus*)	41
1819	Berlin	Berufung in die Immediatkommission; *Die Serapionsbrüder I–II* (darin: *Die Bergwerke zu Falun*); *Lebensansichten des Katers Murr I*; *Klein Zaches, genannt Zinnober*	43
1820	Berlin	Gutachten Hoffmanns zur Verhaftung des „Turnvaters" Jahn; *Die Serapionsbrüder III* (darin: *Das Fräulein von Scuderi*, Erstdruck 1819); *Prinzessin Brambilla*	44
1821	Berlin	Entlassung aus der Immediatkommission; *Serapionsbrüder IV*; *Lebensansichten des Katers Murr II*	45
1822	Berlin	Disziplinarverfahren wegen der Erzählung *Meister Floh* (zensiert); E.T.A. Hoffmann am 25.6. in Berlin gestorben	46

3. TEXTANALYSE UND -INTERPRETATION

3.1 Entstehung und Quellen

Hoffmanns Erzählung *Der Sandmann* erschien im Jahr 1816 in dem zweibändigen Zyklus *Nachtstücke*. Beide Bände tragen als Erscheinungsjahr die Angabe 1817. Der Titel ist mit dem Hinweis „Herausgegeben von dem Verfasser der Fantasiestücke in Callots Manier" versehen. Denselben Hinweis hatte Hoffmann auch in *Die Elixiere des Teufels* verwendet. Indem Hoffmann sich auf Callot und seine grotesken Figuren beruft, formuliert er einen wesentlichen Teil seiner eigenen Poetik mit dem Zusammenwirken von Realismus und Imagination.

ZUSAMMEN-
FASSUNG

Auf dem Manuskript ist als Abschluss der Arbeit an der Erzählung das Datum „16. Novbr. 1815 Nachts 1 Uhr" angegeben. In der Sammlung *Nachtstücke* sind insgesamt acht Erzählungen und Novellen zusammengefasst, die in den Jahren 1814 bis 1817 entstanden sind. Mit dem Hinweis wird auf eine Sammlung von zwanzig Erzählungen, Skizzen, Märchen und Aufsätzen verwiesen, die in vier Bänden 1814 bis 1815 erschien. Darin sind Texte aus den Jahren 1808 bis 1815 zusammengefasst. Die Veröffentlichung war in der gesamten zeitgenössischen literarischen Öffentlichkeit ein großer Erfolg. Auf ihn weist der werbende Zusatz zu *Nachtstücke* und anderen Veröffentlichungen hin.

Sammlung *Nachtstücke* als großer Erfolg

Von der Erzählung *Der Sandmann* gibt es zwei Fassungen. Die erste Fassung wurde von Hoffmann für die Veröffentlichung über-

Der Sandmann – zwei Fassungen

3.1 Entstehung und Quellen

arbeitet. In der zweiten Fassung wurden sprachliche Übersteigerungen geglättet und eine Szene gestrichen.[1]

Fantasiestücke in Callots Manier

Die Textsammlung *Fantasiestücke in Callots Manier* trägt den Untertitel *Blätter aus dem Tagebuche eines reisenden Enthusiasten* und wird durch eine Vorrede von Jean Paul eingeleitet. Der erste Text *Jaques Callot* ist ein kurzer Aufsatz über den Kupferstecher und Radierer, der von 1592 bis 1635 lebte. Sein Werk spricht Hoffmann durch die Heterogenität seiner Elemente an, die durch Gruppierung und Lichtgestaltung zu einem Ganzen zusammengefügt werden, das die Grenzen der Malerei überschreitet.

„[…] seine Zeichnungen sind nur Reflexe aller der fantastischen wunderlichen Erscheinungen, die der Zauber seiner überregen Fantasie hervorrief. Denn selbst in seinen aus dem Leben genommenen Darstellungen in seinen Aufzügen, seinen Bataillon u. s. w. ist es eine lebensvolle Physiognomie ganz eigner Art, die seinen Figuren, seinen Gruppen – ich möchte sagen etwas fremdartig Bekanntes gibt."[2]

Nachtstück

Mit dem Begriff des Nachtstücks schöpft Hoffmann aus dem Bereich der Musik. Dabei handelt es sich um die deutsche Entsprechung zur französischen Bezeichnung ‚nocturne' bzw. zum italienischen Begriff ‚notturno'. Darunter ist ein „bei Nacht aufgeführtes Musikstück"[3] zu verstehen. Im weiteren Sinn wird damit, wie U. Hohoff ausführt[4], ein nächtlicher Naturausschnitt bzw. seine

Ursprüngl. Begriff aus der Musik: ‚nocturne', ‚notturno'

---

[1] Zur Textgestalt s. U. Hohoff: *E.T.A. Hoffmann: Der Sandmann. Textkritik, Edition, Kommentar*. Quellen und Forschungen zur Sprach- und Kulturgeschichte der germanischen Völker, N. F. 87. Berlin: Walter de Gruyter, 1988, S. 211.
[2] E.T.A. Hoffmann: *Poetische Werke in sechs Bänden*, Berlin: Aufbau, 1963. Bd. 1, S. 62.
[3] Hohoff, S. 233.
[4] Ebd.

3.1 Entstehung und Quellen

künstlerische Darstellung mit besonderer Herausarbeitung seiner Stimmung bezeichnet. Insofern ist der Begriff des Nachtstücks nicht nur auf die Malerei begrenzt, sondern wird auch auf die Literatur angewendet.

Anwendung auf Literatur

Fantasiestück

Dieselbe Konvergenz von Musik, Literatur und bildender Kunst wie schon beim Begriff Nachtstück ist bei dem des Fantasiestücks zu beobachten. In der Musik bezeichnet er ein Instrumentalstück mit freier Gestaltung, das vor allem im Gegensatz zur Fuge mit ihrer strengen Form gesehen wird. In der Malerei benennt er Darstellungen z. B. von Landschaften oder Figuren, die frei erfunden sind. Als Grotesken oder Arabesken entspringen sie dem freien Spiel der Fantasie. Im weiteren Wortsinn kann der Begriff auf literarische Werke bezogen werden. Gemeinsames Merkmal ist das Wirken der Fantasie mit der Freiheit von Regeln und Wahrscheinlichkeit. Als produzierende Einbildungskraft kann sie neue Vorstellungen bilden und ist im Gegensatz zur Erinnerung von der Bindung an die Realität freigestellt.

Konvergenz v. Musik, Literatur u. Kunst

Nacht und Fantasie als Sinnbezirk

Die zentralen Begriffe ‚Nacht' und ‚Fantasie' sind Bestimmungswörter, die mit dem Grundwort ‚Stück' determinative Zusammensetzungen eingehen. Zusammen erstellen sie einen Sinnbezirk, der sich folgendermaßen verdeutlichen lässt:

3.1 Entstehung und Quellen

Nacht
- → **Zeitabschnitt**
  Gegensatz: Tag
- → **Dunkelheit**
  Gegensatz: Licht

→ **Nachtstück**
- → Nächtliches dunkles Stück
- → Nächtliche Naturszene
- → Bildliche oder dichterische Darstellung einer nächtlichen Szene
- → bei Nacht aufgeführtes Musikstück
- → wie Nachtseite: von der Sonne abgewendete Seite

Fantasie
- → **Einbildungskraft**
  Gegensatz: Erinnerung
- → **Gedankengebilde**
  Gegensatz: Wirklichkeit

→ **Fantasiestück**
- → (namentlich musikalisches) Stück, worin man der Fantasie folgt

Nacht

Der Begriff ‚Nacht' stellt nach Wehrle und Eggers einerseits einen Zeitabschnitt dar.[5] Er kann inhaltlich (‚Stille der Nacht') und zeitlich (‚Mondnacht', ‚Mitternacht') näher bestimmt werden. Andererseits ist ‚Nacht' durch Dunkelheit bestimmt. Dadurch schließt ‚Nacht' Gefühle ein, die von Schlaf, Traum und Tod bestimmt sein können. Im Begriff des Nachtstücks wird die zweifache Grundlage von Zeit und Gefühl aufgegriffen.[6] Dabei bezeichnet das Grundwort ‚Stück' nicht mehr das Teil eines Ganzen, sondern wird als ein neues künstlerisches Ganzes verstanden. Es bezeichnet dem-

Grundlage von Zeit und Gefühl

---

[5] H. Wehrle und H. Eggers: *Deutscher Wortschatz. Ein Wegweiser zum treffenden Ausdruck.* Frankfurt a. M.: Fischer, 1968. Begriff ‚Nacht'.
[6] Vgl. die Zusammenstellung bei Hohoff, S. 232.

3.1 Entstehung und Quellen

nach die künstlerische Darstellung einer nächtlichen Szene mit den sie bestimmenden Gefühlen. Dies kann in allen künstlerischen Bereichen geschehen. Damit ist das Nachtstück die deutsche Entsprechung zum italienischen ‚Notturno' und zum französischen ‚Nocturne'.

‚Stück' als künstlerisches Ganzes

Fantasie

Auf die künstlerische Gestaltung verweist auch die ‚Fantasie'. Als Einbildungs- und Vorstellungskraft wirkt sie in allen künstlerischen Bereichen schöpferisch und produktiv und ist anders als die Erinnerung nicht unmittelbar an die Wirklichkeit gebunden. Von ihr ausgehend kann sie ohne Bindung an Regeln frei wirken. Darin liegt auch die Möglichkeit, dass ein bloßes Fantasiegebilde entsteht. Im Begriff des Fantasiestücks wird die Ungebundenheit an die Wirklichkeit an ein künstlerisches Produkt gebunden. Dabei entstehen Werke von unterschiedlicher Art in Bezug auf ihr Verhältnis zur Wirklichkeit und ihre gefühlsmäßige Bestimmtheit.

Ungebundenheit an Wirklichkeit

In ihrer wechselseitigen Zuordnung, die auch durch die Zusammensetzung deutlich wird, stellen die genannten Begriffe einen Sinnbezirk dar, dessen hervorstechender Zug die Vieldeutigkeit ist. Sie resultiert aus der Verrätselung der Wirklichkeit, der Grenzüberschreitung in Bezug auf künstlerische Bereiche und der Verunsicherung von Wahrnehmungen und Denkmöglichkeiten.

Vieldeutigkeit

3.2 Inhaltsangabe

**ZUSAMMEN-
FASSUNG**

Anhand der Lebensgeschichte des sensiblen Nathanael stellt der Erzähler aus verschiedenen Perspektiven den Einbruch des Seltsamen und Wunderlichen in die alltägliche Wirklichkeit dar. Die Erzählung stellt das Scheitern eines jungen Mannes dar, der über ein intensives Gefühlsleben verfügt.

Einführung durch den Erzähler

Der Erzähler führt auf mehrfache Weise in die Erzählung ein: durch einen Briefwechsel zwischen Nathanael, seiner Verlobten Clara und ihrem Bruder Lothar und durch eine Anrede an den Leser, die mit verschiedenen Erzählanfängen spielt.

Erster Hauptteil
Nathanael an Lothar

Mit großer Unruhe schreibt Nathanael an Lothar von einer Begegnung mit einem Wetterglashändler namens Coppola, die belastende Kindheitserinnerungen hervorruft. Die Vorstellung vom Sandmann, mit der Kinder zu Bett geschickt werden, ist bei ihm durch den Advokaten Coppelius, einem Bekannten der Eltern, besetzt. Sein unförmiges Aussehen und unfreundliches Verhalten rufen bei den Kindern Abscheu hervor. Er führt mit dem Vater heimlich alchemistische Versuche durch. Die Erzählung der Kinderfrau vom grausamen Sandmann, die Nervosität der Eltern in Erwartung von Coppelius und die heimliche Beobachtung von beiden beim Experimentieren, bei der Nathanael entdeckt und misshandelt wird, erfüllen ihn mit Angst und Grausen. Bei einer Explosion kommt der Vater ums Leben und Coppelius verschwindet. In dem Auftreten von Coppola sieht Nathanael die Wiederkehr von Coppelius.

Belastende Kindheits- erinnerungen

Geschichte vom Sandmann

„Augen her!"

3.2 Inhaltsangabe

Clara an Nathanael

Im Antwortschreiben geht Clara auf Nathanaels Angst ein. Sie sieht in seinem Leben keine äußeren zerstörerischen Mächte walten, sondern hält die Angst für einen inneren Vorgang, dem er sich ausliefert. Durch Heiterkeit könne er sich der Angst erwehren.

Heiterkeit gegen Angst

Nathanael an Lothar

Nathanael geht in seiner Antwort an Lothar nur beiläufig und verärgert auf Claras rationale Betrachtung seines Seelenzustands ein. Er berichtet von Spalanzani, bei dem er Vorlesungen besucht, und seiner Tochter Olimpia.

Nathanael berichtet von Olimpia

Zwischenrede des Erzählers

Nach der Dokumentation des Briefwechsels wendet sich der Erzähler unmittelbar an den Leser und probiert verschiedene Eröffnungen der Erzählung aus, um die Seelenverfassung Nathanaels zu vermitteln.

Erzähler wendet sich an den Leser

Vorgeschichte

Sodann wird die Vorgeschichte nachgetragen: Als die Geschwister Clara und Lothar Waisen wurden, nahm sie Nathanaels Mutter auf. Clara und Nathanael sind verlobt, als Nathanael die Stadt bei Studienbeginn verlässt. Sein Seelenzustand und die gegensätzliche Auffassung darüber wirken nach der Rückkehr Nathanaels fort. Einerseits ist jede Verstimmung verschwunden, andererseits sieht er sich als Spielball finsterer Mächte, welche auch die Vorstellung von der Freiheit des künstlerischen Schaffens zur Illusion machen. Für Clara hingegen ist ein böses Prinzip nur deshalb bei Nathanael wirksam, weil er sich ihm ausliefert. Die Auseinandersetzung zwischen den Verlobten wird unterbrochen und flammt immer wieder auf. Über ein Gedicht Nathanaels, in dem

Leben und Dichtung als Spielball finsterer Mächte

3.2 Inhaltsangabe

Duell und Versöhnung

die Zerstörung der Liebe durch Coppelius gestaltet ist, entzweien sie sich. Clara fordert Nathanael auf, das Gedicht zu verbrennen. Er ist entrüstet und schilt sie herzlos. Es kommt zum Zweikampf zwischen Lothar und Nathanael. Clara stürzt dazwischen, und alle Beteiligten versöhnen sich.

Zweiter Hauptteil

Freunde haben ihm im Universitätsort eine neue Unterkunft besorgt, nachdem das Haus, in dem er wohnte, abgebrannt ist. Sein Besitz wurde gerettet. Er wohnt jetzt Spalanzani gegenüber und kann dessen Tochter Olimpia beobachten. Er wird von Coppola besucht, der ihm radebrechend Brillen zum Verkauf anbietet.

„Sköne Oke"

Sich an die Gespräche mit Clara erinnernd versucht er, in Coppola nicht den Doppelgänger von Coppelius zu sehen und das Grausen, das ihm der Besucher bereitet, beiseite zu schieben. Immer mehr Brillen legt er Nathanael zum Kauf vor, bis er Einhalt gebietet.

Nathanael kauft von Coppola Perspektiv

Schließlich kauft er ihm ein Perspektiv ab, nachdem er es durch einen Blick auf Spalanzanis Tochter Olimpia geprüft hat. Das Lachen Coppolas beim Abgang erklärt er sich als dessen Freude über das gute Geschäft. Von dem neuen Anblick ist Nathanael hin- und hergerissen. Das Glas ängstigt ihn, ohne dass er einen Grund dafür erkennen kann. Während er Clara einen Brief schreibt, blickt er durch das Glas zu Olimpia hinüber. Das Bild Olimpia nimmt ihn

Faszination Nathanaels durch Olimpia

mehr und mehr gefangen und verdrängt Clara aus seinem Herzen.

Durch seinen Studienfreund Siegmund erfährt Nathanael, dass Spalanzani ein Fest vorbereitet, bei dem Olimpia in die Gesellschaft eingeführt werden soll. Nathanael ist dazu eingeladen. Er ist von Olimpia begeistert. Beim Konzert entzücken ihn ihr Gesang und Klavierspiel. Dabei beobachtet er sie durch das Perspektiv aus der letzten Reihe. Beim anschließenden Ball tanzt er mit ihr und ist von ihrer Taktsicherheit begeistert. Er entflammt in Liebe zu

Nathanael entflammt in Liebe zu Olimpia

3.2 Inhaltsangabe

Lubica Vargicova als Olympia in einer Szene aus der Operette *Hoffmanns Erzählungen* von Jacques Offenbach (Salzburger Festspiele 2003)
© ullstein bild – AP

ihr. Das Gespräch mit ihr nimmt ihn völlig für sie ein. Ihre steifen Bewegungen, ihre schrille Stimme und ihr einsilbiges Sprechen erregen in ihm keinen Verdacht. Er missversteht sie und deutet sie zu Gunsten Olimpias. Seine Seufzer rufen bei den Festgästen unterdrücktes Gelächter hervor. In seiner Begeisterung bemerkt er das Ende des Festes erst, als Spalanzani ihn von der Tochter trennt. Die Trennung bewirkt Kühle, Dunkelheit und Grausen bei Nathanael.

In der Stadt ist Spalanzanis Fest wegen der vielen Auffälligkeiten Gesprächsgegenstand. Die späte Einführung Olimpias in die Gesellschaft wird ihrem Stumpfsinn zugeschrieben. Für Nathanael ist sie Ausdruck einer reichen Innenwelt. Er ist seiner Welt ent-

3.2 Inhaltsangabe

Hieroglyphe der inneren Welt

rückt. Er lebt nur für Olimpia und trägt ihr seine Dichtung vor. Von ihr fühlt er sich verstanden.

Spalanzani unterstützt Nathanaels Werben um Olimpia. Dann wird Nathanael Zeuge eines Streites zwischen Coppola und Spalanzani um Olimpia, die er erst jetzt als Holzpuppe erkennt. Coppola stößt damit Spalanzani nieder und flieht mit ihr. Spalanzani ist über den Raub seines Werkes außer sich und wirft Nathanael die zurückgebliebenen Augen der Puppe zu. Nathanael unternimmt einen Angriff auf den Professor, den die Menge rettet, und verfällt in den Wahnsinn.

Nathanael erkennt Olimpia als Holzpuppe

Nathanael wird wahnsinnig

Der Erzähler fasst die Folgen des Vorfalls zusammen. Spalanzani muss die Stadt verlassen. Coppola ist verschwunden. Die Bürger fühlen sich von Spalanzani betrogen. Sie fühlen sich und ihre steifen gesellschaftlichen Formen durch einen Automaten entlarvt.

Kurzzeitige Genesung Nathanaels

Nathanael kehrt heim zu seiner Familie und scheint zu genesen. Er lebt im Glück der Gegenwart und hat Aussicht auf bescheidenen Wohlstand und eine Zukunft mit Clara.

Beim Besuch der Stadt besteigt er zur Mittagszeit mit Clara den Ratsturm. Sie macht ihn auf einen Busch aufmerksam, der sich zu bewegen scheint. Nathanael blickt durch sein Glas und augenblicklich schlägt die Situation um. Er fasst Clara und will sie hinabwerfen. Dabei schreit er: „Holzpüppchen dreh dich" (HL S. 34/R S. 41). Doch sie wird von Lothar gerettet. Nathanael erblickt Coppelius unter den Zuschauern. Bevor er über das Geländer steigt, ruft er: „*Feuerkreis* dreh dich" (HL S. 34/R S. 42). Mit dem Ruf „Sköne Oke" (HL S. 35/R S. 42) springt er in den Tod.

„*Feuerkreis* dreh dich"

Tod Nathanaels

Abschließend berichtet der Erzähler, dass Clara mehrere Jahre danach noch das häusliche Glück in der eigenen Familie fand.

3.3 Aufbau

> **ZUSAMMENFASSUNG**
>
> Das Schicksal Nathanaels wird in zwei großen Erzählschritten dargestellt, die im Ganzen und in ihren Teilen aufeinander Bezug nehmen. Dadurch ergibt sich ein beziehungsreiches Geflecht der Andeutungen, die voraus- und zurückweisen. Die beiden Hauptteile der Erzählung unterscheiden sich durch die Erzählhaltung.

Erster Hauptteil

Der erste Hauptteil wird von einem Ich-Erzähler dargestellt. In drei Briefen wird das Geschehen aus der Unmittelbarkeit des Beteiligten dargestellt bzw. kommentiert. Hinter dem Ich-Erzähler tritt der Erzähler des Geschehens zurück und ist nur als Gewährsmann und Redakteur gegenwärtig. Der als dokumentarisch ausgegebene Briefwechsel umfasst einen Brief von Nathanael an Lothar, von Clara an Nathanael und schließlich von Nathanael an Lothar. Darin geht es um die Entwicklung von Nathanaels Trauma, das in der Rückblende dargestellt wird. Die kindliche Vorstellung vom Sandmann entwickelt sich über Zwischenstufen zur Bedrohung, die sich für Nathanael in der Figur des Advokaten Coppelius manifestiert. Clara und Lothar hingegen halten die Bedrohung für das Produkt von Nathanaels Fantasie. Zwischen diesen beiden Interpretationsmodellen wird nicht entschieden, auch nicht durch den Erzähler, der in einer Zwischenrede in Anbindung an die romantische Auffassung von Natur, Mensch und Dichtung das theoretische Konzept der Erzählung darstellt.

Ich-Erzähler berichtet

Dokumentarischer Briefwechsel

Zwei Interpretationsmodelle

3.3 Aufbau

Zweiter Hauptteil

Der zweite Hauptteil greift diese Gliederung auf. In drei chronologisch dargestellten Szenen wird das Schicksal der Hauptfigur vorangetrieben. Es sind dies:

Drei Szenen

→ der Kauf des Perspektivs
→ das Fest bei Spalanzani
→ der Kampf zwischen Spalanzani und Coppola

Alle Szenen greifen thematisch auf den ersten Hauptteil zurück. Sie sind dort schon angelegt. Auf diese Weise ergeben sich komplexe Wechselbeziehungen zwischen den beiden Hauptteilen. Der Kauf eines Perspektivs bei Coppola greift die traumatische Begegnung aus dem Eingangsbrief wieder auf, die Beziehung zu Olimpia lässt Nathanaels Neigung zu Clara ersterben, die ohnehin keine Aussicht auf Realisierung hatte, und der Kampf zwischen Spalanzani und Coppola ist ein Echo des Duells zwischen Nathanael und Lothar.

Wechselbeziehungen zw. den Hauptteilen

Er-Erzähler berichtet

Der dreifach untergliederte Hauptteil wird von einem Er-Erzähler dargestellt, der das Geschehen allwissend und einfühlend kommentierend seinem tragischen Ende entgegentreibt. Vor der abgesetzten Schlussszene sorgt noch einmal ein gesellschaftskritischer Exkurs des Ich-Erzählers für eine retardierende Wirkung.

Der Aufbau lässt sich folgendermaßen schematisch darstellen:

Erster Hauptteil	Zweiter Hauptteil
Nathanael an Lothar *Clara an Nathanael* *Nathanael an Lothar* Zwischenrede des Erzählers	Kauf des Perspektivs Fest bei Spalanzani Kampf zwischen Spalanzi und Coppola um Olimpia Zwischenrede des Erzählers **Todesszene**

3.4 Personenkonstellation und Charakteristiken

ZUSAMMENFASSUNG

Die zwei Hauptteile des Textes sind durch viele Bezüge und Querverweise miteinander verknüpft. Dazu gehören auch die Figuren, die aufeinander bezogen sind. Sie befördern einen Handlungsverlauf, der zunächst dem Märchen und dem Entwicklungsroman zu entstammen scheint.

Nathanael und Clara scheinen füreinander bestimmt zu sein, doch ihre Liebe endet unglücklich. Nathanael, ein junger Mann mit großer Sensibilität, verlässt für sein Studium den engen Kreis der Familie und der Heimatstadt und zieht in die Welt hinaus. Doch die Handlung fördert nicht die Entwicklung der Hauptfigur zu einer gebildeten Persönlichkeit; stattdessen steht am Ende der Selbstmord Nathanaels.

An die Stelle Claras tritt zunehmend mehr Olimpia. Sie wird von Anfang an als starres und mechanisches Wesen dargestellt, und erst Nathanaels Blick erschafft sie als Figur. Sie sind gegensätzlich angelegt, sind aber auch gleich. Beide haben aufklärerische Züge. Sie sind keine verständnisvollen Zuhörerinnen Nathanaels, der als Künstler erfolglos bleibt.

Großen Einfluss auf Nathanael haben auch Coppelius und Coppola. Das Schicksal Nathanaels hängt im Verständnis des Lesers sehr davon ab, wie der Status der Personen verstanden wird. Der Text ist in dieser Hinsicht unentschieden.

3.4 Personenkonstellation und Charakteristiken

Nathanael und Clara

Die Abweichung von den genannten Handlungsmustern wird durch den Einbruch des Wunderbaren und Sonderlichen bewirkt. Nathanaels Biografie führt in einer mehrstufigen steigernd angelegten Entwicklung in die Katastrophe. Jede dieser Stufen setzt bei der Idylle ein und führt zum Zusammenbruch, der als Krankheit mit anschließender Genesung erlebt wird.

Nathanaels Biografie

1. Der Besuch des Sandmanns erfolgt, als die Familie nach dem Abendessen versammelt ist. „Der Vater rauchte Tabak und trank ein großes Glas Bier dazu. Oft erzählte er uns viele wunderbare Geschichten und geriet darüber so in Eifer, dass ihm die Pfeife immer ausging, die ich, ihm brennend Papier hinhaltend, wieder anzünden musste, welches mir denn ein Hauptspaß war." (HL S. 6/R S. 4) Seine Ankunft bricht dieses Idyll abrupt ab und bewirkt bei der Mutter Unruhe und Sorge, die den Kindern nicht verborgen bleibt. Er macht sich ein Bild von dem unbekannten Besucher. Dabei ist er besonders auf seine Sinneswahrnehmungen und seine Fantasie angewiesen. Was er hört, riecht und heimlich sieht, fließt in seiner Fantasie zu einer angstbesetzten Vorstellung zusammen. Er wird bei seiner Beobachtung entdeckt und misshandelt; als Folge verfällt er in einen „Todesschlaf" (HL S. 10/R S. 10), in ein „hitziges Fieber" (HL S. 10/R S. 10).

Besuch des Sandmanns

2. Beim Tod des Vaters schwinden ihm die Sinne (HL S. 11/R S. 11) und er schwört Coppelius Rache.

Tod des Vaters

3. Den Streit mit Clara und Lothar erlebt er als drohende Vernichtung, und die scheinbare Lösung des Konflikts vermittelt ihm den Eindruck, „als sei eine schwere Last, die ihn zu Boden gedrückt, von ihm abgewälzt, ja als habe er, Widerstand leistend der finstern Macht, die ihn befangen, sein ganzes Sein, dem Vernichtung drohte, gerettet" (HL S. 22/R S. 26).

Streit mit Clara und Lothar

3.4 Personenkonstellation und Charakteristiken

4. Beim Kampf zwischen Spalanzani und Coppola um Olimpia erfährt Nathanael auf schmerzliche Weise, dass sie nur eine Holzpuppe ist. Die Wahrnehmung führt bei Nathanael zum völligen Zusammenbruch, der als Wahnsinn bezeichnet wird. „So in grässlicher Raserei tobend wurde er nach dem Tollhause gebracht." (HL S. 32/R S. 38)

Kampf zw. Spalanzani und Coppola

5. Noch einmal folgt auf den Zusammenbruch das Familienidyll. „Nathanael erwachte wie aus schwerem, fürchterlichem Traum, er schlug die Augen auf und fühlte, wie ein unbeschreibliches Wonnegefühl mit sanfter himmlischer Wärme ihn durchströmte. Er lag in seinem Zimmer in des Vaters Hause auf dem Bette, Clara hatte sich über ihn hingebeugt und unfern standen die Mutter und Lothar." (HL S. 33/R S. 39 f.) Dieses Idyll erweist sich als ebenso brüchig wie die vorherigen. Da sich Nathanael und Clara auseinandergelebt haben, müssen sich die Hoffnungen zerschlagen. Auf den Zusammenbruch folgt mit Nathanaels Suizid die Katastrophe, die immer wieder vorausgedeutet wurde.

Familienidyll

Nathanaels Entwicklung

Bei der Beurteilung dieser Entwicklung werden von Anfang an Unterschiede zwischen Nathanael und Clara deutlich, die sich immer wieder neu entzünden. Sie betreffen die Ursachen, führen zu unterschiedlichen Beurteilungen und gehen auf verschiedene Konzepte der Wirklichkeit zurück. Während Clara auf innere, psychische Ursachen schließt, geht Nathanael von äußeren, schicksalhaften Ursachen aus. Während Clara die Ursache in Nathanael selbst sieht, sieht dieser sich als Opfer, über dem ein Verhängnis waltet. Clara hat ihren festen Sitz in der Normalität des bürgerlichen Lebens und betrachtet Nathanaels Zusammenbrüche als Krankheit. Er hingegen ist in der Fantasie beheimatet und will als Künstler die Normalität beseelen. Konflikte zwischen dem Bereich

Gegensätze zw. Nathanael und Clara

Clara: Normalität des bürgerl. Lebens

Nathanael: Fantasie und Künstlertum

3.4 Personenkonstellation und Charakteristiken

NATHANAELS ENTWICKLUNG

Besuch des Sandmanns

Ende des Familienidylls durch Besuch des Sandmanns;
Nathanael verfällt in „Todesschlaf" und „hitziges Fieber".

Tod des Vaters

Nathanael schwinden die Sinne.
Racheschwur

Streit zwischen Clara und Lothar

Für Nathanael ist der Streit eine Bedrohung.
Gefühl der Vernichtung durch „finstere Macht"

Kampf zwischen Spalanzani und Coppola

Die Wahrnehmung, dass Olimpia nur eine Puppe ist,
führt zum Zusammenbruch.

Familienidyll

Nach dem Zusammenbruch wird er von der Familie und den Freunden gepflegt.
Die Besserung ist nicht von Dauer. Ihr folgt die Katastrophe.
Die Wahrnehmung des Sandmanns bewirkt Nathanaels Suizid.

3.4 Personenkonstellation und Charakteristiken

des Traums und der Realität sollen durch künstlerische Tätigkeit überwunden werden. Zwischen beiden Interpretationsmodellen wird keine Entscheidung getroffen. Sie stehen im Text gleichberechtigt nebeneinander. Aus diesen Unterschieden entfalten sich in der Erzählung Gegensätze zwischen Realität und Fantasie, Bürger (Philister) und Künstler, Aufklärung und Romantik, Normalität und Wahnsinn, Gesundheit und Krankheit. Darin fließen mit der romantischen Naturphilosophie und Dichtungstheorie, der Psychiatrie der Zeit und der Psychoanalyse geistes- und wissenschaftsgeschichtliche Deutungsmuster ein.

Geistes- u. wisschenschaftsgeschichtliche Deutungsmuster

Clara

Claras Name deutet auf ihre aufklärerische Einstellung hin. „Die Nebler und Schwebler hatten bei ihr böses Spiel" (HL S. 18/R S. 20). Als ihr Nathanael von der Begegnung mit Coppola schreibt, ist sie bestrebt, den Dingen auf den Grund zu gehen. Allerdings urteilt sie nur auf der Basis von Wissen aus zweiter Hand und versteht auch nicht alles. Die Ratschläge, die sie Nathanael gibt, sind recht schlicht. Sie sind geprägt von der eingeschränkten Lebenserfahrung des Bürgertums, das in allem auf Mäßigung und Regelmäßigkeit setzt. Was davon abweicht, wird als Krankheit gesehen und ausgegliedert. Die Erfahrung lässt sich auf einfache Regeln bringen: Man bedarf nur eines heiteren Sinns, um ungefährdet durchs Leben zu kommen.

Clara als reduzierte Repräsentanz der Aufklärung

> „Haben wir festen, durch das heitre Leben gestärkten Sinn genug, um fremdes feindliches Einwirken als solches stets zu erkennen und den Weg, in den uns Neigung und Beruf geschoben, ruhigen Schrittes zu verfolgen, so geht wohl jene unheimliche Macht unter in dem vergeblichen Ringen nach der Gestaltung, die unser eignes Spiegelbild sein sollte." (HL S. 14/R S. 15)

Fester, durch das heitre Leben gestärkter Sinn

3.4 Personenkonstellation und Charakteristiken

Clara ist unfähig, Nathanael zu verstehen

Daher ist sie gegenüber Nathanaels Problem und seinem Umgang damit ohne Verständnis. Als er ihr sein Gedicht vorträgt, strickt sie. Sie ist unfähig zu verstehen, was Nathanael bewegt und belastet. Sie nimmt sich auf ihre Rolle als „Schutzgeist" (HL S. 14/R S. 15) für Nathanael zurück.

Die stereotype Beschreibung Claras tut ein weiteres, um die Repräsentanz der Aufklärung durch sie zu ironisieren. Sie ist auf Kindlichkeit (hold) und Aussehen (Blick, Lächeln) reduziert. Ihre intellektuelle und emotionale Begrenztheit („geistige Schläfrigkeit", „kaltes prosaisches Gemüt", HL S. 20/R S. 23) vergrößert die Entfernung zu Nathanael. Ihr verständnisloser Ratschlag führt zu ihrer radikalen Charakterisierung durch Nathanael.

„Du lebloses, verdammtes Automat!"

„,Nathanael – mein herzlieber Nathanael! – wirf das tolle – unsinnige – wahnsinnige Märchen ins Feuer.' Da sprang Nathanael entrüstet auf und rief, Clara von sich stoßend: ,Du lebloses, verdammtes Automat!' Er rannte fort, bittre Tränen vergoss die tief verletzte Clara: ,Ach er hat mich niemals geliebt, denn er versteht mich nicht', schluchzte sie laut." (HL S. 21/R S. 24 f.)

Der heftige Wortwechsel markiert nicht nur die zunehmende Entfremdung zwischen den beiden Hauptfiguren, sondern auch deren Begrenztheiten.

Nathanael und Olimpia

Olimpia verdrängt Clara

Im zweiten Hauptteil der Erzählung tritt Olimpia an die Stelle Claras. Sie verdrängt nach und nach Clara aus Nathanaels Herzen. Die Zusammenkunft mit ihr ergibt sich durch viele Ereignisse, auf die Nathanael keinen Einfluss hat. Der Brand, der von Freunden organisierte Umzug und der Kauf des Perspektivs erscheinen im Rückblick als Zufall oder als Geschick. Diese Umstände machen

3.4 Personenkonstellation und Charakteristiken

Nathanael zum Voyeur, der zunehmend mehr von Olimpias Anblick fasziniert wird.

> „Nun erschaute Nathanael erst Olimpias wunderschön geformtes Gesicht. Nur die Augen schienen ihm gar seltsam starr und tot. Doch wie er immer schärfer und schärfer durch das Glas hinschaute, war es, als gingen in Olimpias Augen feuchte Mondesstrahlen auf. Es schien, als wenn nun erst die Sehkraft entzündet würde; immer lebendiger und lebendiger flammten die Blicke." (HL S. 24/R S. 28)

Er erliegt der Faszination des Wesens, das er selbst ins Leben gerufen hat. Die Begeisterung für Olimpia setzt ihn in Gegensatz zur Gesellschaft. Bei Gesang und Tanz fällt allen ihre mechanische Gleichmäßigkeit auf; nur Nathanael liest einen himmlischen Liebreiz in die Holzpuppe hinein. In gleicher Weise interpretiert er ihre sprachliche Armut. Ihm erscheinen diese wenigen Worte als „echte Hieroglyphe der innern Welt voll Liebe und hoher Erkenntnis des geistigen Lebens in der Anschauung des ewigen Jenseits" (HL S. 29/R S. 35). Mit ihr führt er lange einseitige Gespräche; auch seine Dichtungen trägt er ihr vor und fühlt sich verstanden. Als Zeuge des Kampfes zwischen Spalanzani und Coppola wird er aus seinem Traum herausgerissen. Die Konfrontation mit der Wirklichkeit führt zu einem weiteren Zusammenbruch, der von der Gesellschaft als Wahnsinn erlebt wird.

Nathanael erliegt der Faszination des Wesens, das er selbst geschaffen hat

Nathanael fühlt sich von Olimpia verstanden

Deutungsmuster sind Olimpias Wesen als Holzpuppe mit täuschend echten Fähigkeiten und ihr Verständnis durch Nathanael. Das Konzept des Automaten hat die Menschen besonders in der Aufklärung gefesselt. Der Begriff der Hieroglyphe verweist auf die Naturphilosophie G. H. Schuberts. Danach sind Hieroglyphen zentrale Elemente des Seelenlebens, die besonders im Traum wirksam

Hieroglyphen – zentrale Elemente des Seelenlebens

3.4 Personenkonstellation und Charakteristiken

Tatjana Menotti als Olympia in *Hoffmanns Erzählungen* (Inszenierung von Max Reinhardt 1931)
© ullstein bild – Wolff von Gudenberg

werden. Die Sprache des Traums besteht aus Abbreviaturen und Hieroglyphen die uns der „versteckte Poet" im Schlaf eingibt.

> „Wir drücken in jener Sprache durch einige wenige hieroglyphische, seltsam aneinandergefügte Bilder, die wir uns schnell nacheinander oder auf einmal vorstellen, in wenigen Momenten mehr aus, als wir mit Worten in ganzen Stunden auseinanderzusetzen vermöchten."[7]

Der Dichter bedient sich dieser Traumsprache auf einer anderen Ebene.

> „Jene Sprache in Bildern und Hieroglyphen, deren sich die höhere Weisheit in allen ihren Offenbarungen an den Menschen bedient hat, ist auf der höchsten und vollkommensten Stufe das, was die Sprache der Poesie auf einer niedern und was die oben erwähnte Bildersprache des Traums auf der allerniedrigsten und unvollkommensten ist, nämlich […] eine Ur- und Natursprache der menschlichen Seele."[8]

Traum und Dichtung sind wesensgleich und stellen nach Schubert den verlorenen Gottesbezug wieder her, den der Mensch durch

---

[7] G. H. Schubert: *Ansichten von der Nachtseite der Naturwissenschaft*. Dresden: 1806, S. 6.
[8] Ebd., S. 23 f.

3.4 Personenkonstellation und Charakteristiken

seine Individuation und sein Streben nach Erkenntnis der Natur aufgegeben hat. Nathanaels Deutung von Olimpias Verhalten als Hieroglyphe ist ein Echo von Schuberts Konzept, das in der romantischen Dichtungstheorie wirksam geworden ist.

Traum und Dichtung sind wesensgleich

Clara und Olimpia

Nathanael erlebt Clara und Olimpia als Gegensätze. Dennoch sind viele Züge zu verzeichnen, die beiden Figuren gemeinsam sind. Beide gehören der Wirklichkeit an und verkörpern in reduzierter Form aufklärerische Züge. Nathanael hingegen lebt aus seiner differenzierten Innerlichkeit heraus, die eine Wirklichkeit sui generis darstellt. Die Diskrepanz zwischen den beiden Welten versucht er durch künstlerische Tätigkeit zu überbrücken. Die Voraussetzung für die Poetisierung der Wirklichkeit ist die Fantasie. Aus seiner träumerischen Existenz heraus will er die Wirklichkeit in romantischer Weise beseelen, doch dieses Vorhaben misslingt und führt in steter Steigerung der Fehlschläge in die finale Katastrophe. In der Wirklichkeit sind Clara und Olimpia nicht zu Verständnis und Mitgefühl in der Lage. Nathanaels Dichtungen haben keine Zuhörer. Er scheitert als Künstler. Seine Kommunikationsversuche gehen ins Leere. Clara und Olimpia sind von Anfang an wesensmäßig dazu nicht fähig. Sie sind im Grunde genommen Verkörperungen von Nathanaels Wünschen, die er nach außen projiziert hat. Als Externalisierungen nehmen sie seinen Narzissmus auf. Wie Narkissos verschmäht er die Liebe und verfällt in Selbstliebe. Doch während sich im Mythos der Jüngling in sein Spiegelbild verliebt und schließlich in eine Narzisse verwandelt, wendet Nathanael seine Eigenliebe nach außen auf die Holzpuppe Olimpia. Darin ähnelt er dem antiken Bildhauer Pygmalion, der einer Statue Leben einhaucht. Im Falle Olimpia geschieht dies, als er sie durch das Perspektiv erblickt.

Gemeinsamkeiten der Figuren

Verkörperungen der Wünsche Nathanaels

3.4 Personenkonstellation und Charakteristiken

Übergang von Clara zu Olimpia

Der Übergang von Clara zu Olimpia erfolgt unmerklich. Auf die Figur der Olimpia wird schon im ersten Hauptteil angespielt. Als Nathanael Coppelius und seinen Vater heimlich beobachtet, wird er entdeckt und misshandelt. Als Coppelius auf inständiges Bitten des Vaters von seiner Absicht ablässt, Nathanaels Augen zu rauben, schraubt er ihm die Gliedmaßen auseinander.

Clara und Olimpia sind in Bezug auf Nathanaels Entwicklung weniger Gegensätze als sich steigernde Verkörperungen seines Wunsches, an der Welt teilzuhaben und sie aus sensibler Fülle heraus zu gestalten. In beiden Fällen scheitert die künstlerische Fantasie. Beide Versuche führen zum Zusammenbruch; Nathanaels unbeantwortetes Streben nach Teilhabe an der Welt führt in den Tod.

Mit der Darstellung der Aufklärung wird in der Erzählung auf einen möglichen Grund für das Scheitern hingewiesen. Ihr ist die Tragfähigkeit abhandengekommen. Gesellschaftliche Erneuerung geht von ihr nicht mehr aus. Das gesellschaftliche Leben vollzieht sich in Form von Teegesellschaften, auf denen viel gegähnt wird. Wissenschaftler betätigen sich als Sinnlieferanten („Das Ganze ist eine Allegorie – eine fortgeführte Metapher! – Sie verstehen mich! – Sapienti sat!", HL S. 32/R S. 39), und Bürger sind Philister und Schwätzer, die alles schon immer vorher gewusst haben. Im

Scheitern des Künstlers als Vorgriff auf moderne Künstlerproblematik

Scheitern des Künstlers bahnt sich die moderne Künstlerproblematik an, wie sie sich später bei Kleist und Thomas Mann darstellt. E.T.A. Hoffmann gehört zu den ersten Künstlern, welche die Künstlerthematik aus eigener schmerzlicher Erfahrung gestaltet haben. Hans Mayer stellt den Sachverhalt in die historische Perspektive und sieht darin den „Ausdruck ungelöster deutscher Gesellschaftsverhältnisse"[9] In dieselbe Richtung geht S.S. Prawer,

Aufklärerische Züge

---

9 H. Mayer: *Die Wirklichkeit E.T.A. Hoffmanns, Ein Versuch.* Bd. 1, in: E.T.A. Hoffmann: *Poetische Werke in sechs Bänden,* S. XIX.

3.4 Personenkonstellation und Charakteristiken

wenn er auf die zugleich private und repräsentative Aussagekraft der dargestellten Erfahrungen verweist. „They constitute powerful symbols of the experience of artists in a world of cities, of Germans in the early nineteenth century, of men in a world which they have themselves made but which now confronts them in strange, hostile, terrifying shapes"[10]. Insofern wirft das Scheitern der künstlerischen Fantasie viele neue Fragen auf.

Coppelius und Coppola

Die Figurenkonstellation Coppelius/Coppola ist von anderer Art als die der übrigen Figuren des Textes. Sie sind auf besondere Weise einander zugeordnet und wirken auf Nathanael ein. Ihr Status wird im Text unterschiedlich dargestellt, und auch die Interpreten deuten sie auf verschiedene Weise. Durch die ambivalente Darstellung ist auch der Leser verunsichert.

Ambivalente Darstellung

Die Kernfrage ist, ob Coppelius und Coppola zwei verschiedene Figuren sind oder ob sie identisch sind. Das Verständnis vieler Fragen hängt davon ab, wie diese Frage beantwortet wird. Nathanael ist von der Identität überzeugt. Die Begegnung mit dem Wetterglashändler erschüttert ihn. Sie ruft die belastenden Kindheitserinnerungen an den Sandmann wieder hervor, als den er Coppelius ausgemacht hat. Er berichtet Lothar und Clara davon in der vergeblichen Erwartung, bei ihnen Verständnis zu finden. Doch beide teilen seine Sicht nicht. Im Text bleibt die Frage unbeantwortet.

Coppelius = Coppola?

Falls Nathanael Recht hat und Coppelius und Coppola identisch sind, dann geht von ihnen eine Bedrohung aus; dann bewirkt eine unheimliche Macht Nathanaels Schicksal. Sein Verhängnis wird planvoll herbeigeführt. Das Auftauchen und Verschwinden der

These 1: Nathanaels Schicksal wird planvoll herbeigeführt

---

10 S. S. Prawer: „Hoffmann's Uncanny Guest: A reading of *Der Sandmann*." *German life and letters* 18 (1964/65), S. 307.

3.4 Personenkonstellation und Charakteristiken

Figuren und viele zunächst für unwichtig oder zufällig gehaltene Ereignisse sind dann Elemente in einem Plan.

These 2: Nathanaels Schicksal stellt sich als Krankgeschichte dar

Falls jedoch Coppelius und Coppola zwei verschiedene Figuren sind, dann stellt sich Nathanaels Schicksal als Krankengeschichte dar. Dann hat Clara mit ihrer Sicht Recht. Kindheitserlebnisse werden verdrängt und entwickeln sich mit Notwendigkeit zum Wahnsinn, der zum Tode führt. Die Bedrohung besteht nicht in der Wirklichkeit, sondern in der Vorstellungswelt Nathanaels.

Coppelius und Coppola werden durch Aussehen und Wirkung auf andere Figuren gekennzeichnet. Coppelius ist von unförmiger Gestalt und hässlichem Aussehen:

Coppelius' Aussehen

„Denke dir einen großen breitschultrigen Mann mit einem unförmlich dicken Kopf, erdgelbem Gesicht, buschigten grauen Augenbrauen, unter denen ein Paar grünliche Katzenaugen stechend hervorfunkeln, großer, starker, über die Oberlippe gezogener Nase. Das schiefe Maul verzieht sich oft zum hämischen Lachen; dann werden auf den Backen ein paar dunkelrote Flecke sichtbar und ein seltsam zischender Ton fährt durch die zusammengekniffenen Zähne." (HL S. 8/R S. 7)

Nathanaels Wahrnehmung von Coppelius

Auch durch seinen altmodischen Aufzug setzt er sich ab. Er ist in jeglicher Hinsicht eine auffällige Figur. Ihr Erscheinen bewirkt bei Nathanael Neugier, die sich zur Angst und Entsetzen entwickelt. Sein Besuch ruft bei der Mutter Traurigkeit und Erblassen hervor, beim Vater Schweigen. Nathanael nimmt ihn zuerst nur durch Hören („jenes dumpfe Treten und Poltern", HL S. 6/R S. 4) und Riechen („ein feiner seltsam riechender Dampf", HL S. 7/R S. 6) wahr. Die unheimliche Gestalt bindet Nathanaels kindliche Fantasie und seine heimliche Beobachtung. Nathanael erlebt die Auswirkung des Coppelius als Zauber, den Vater als „höheres Wesen" (HL S. 9/R S. 8). Mehrere Merk-

3.4 Personenkonstellation und Charakteristiken

male (Lachen, Dampf) und die besonderen Umstände beim Tod des Vaters stellen Coppelius aus Nathanaels Sicht als teuflische Figur dar.

> „Vor dem dampfenden Herde auf dem Boden lag mein Vater tot mit schwarz verbranntem grässlich verzerrtem Gesicht, um ihn herum heulten und winselten die Schwestern – die Mutter ohnmächtig daneben! – ‚Coppelius, verruchter Satan, du hast den Vater erschlagen!' – So schrie ich auf, mir vergingen die Sinne. Als man zwei Tage darauf meinen Vater in den Sarg legte, waren seine Gesichtszüge wieder mild und sanft geworden, wie sie im Leben waren. Tröstend ging es in meiner Seele auf, dass sein Bund mit dem teuflischen Coppelius ihn nicht ins ewige Verderben gestürzt haben könne." (HL S.11/R S.11)

Coppelius als teuflische Figur

Andererseits ist er voll in der bürgerlichen Welt integriert. Er geht als Advokat einem Beruf nach und verkehrt als Gast bei Nathanaels Eltern.

Aussehen und Wirkung Coppolas sind vergleichbar, werden aber wesentlich kürzer dargestellt. Sein Gesicht ist widerwärtig, die Stimme ist heiser, seine Gegenwart ruft in Nathanael Angst hervor, die er unterdrückt; sein Lachen ist ihm unangenehm. Als Händler geht er einem Gewerbe nach, doch die besonderen Umstände rücken ihn an den Rand der bürgerlichen Gesellschaft.

Coppolas Aussehen

Coppelius und Coppola sind in vielfältiger Form aufeinander bezogen. Aussehen und Wirkung legen den Gedanken an die Identität der Figuren nahe. Dazu gehören auch die Ähnlichkeit der Namen und die Art des Auftretens. Beide Hauptteile der Erzählung werden durch sie spiegelbildlich ausgestaltet. Das Auftreten des Wetterglashändlers zu Beginn des ersten Hauptteils weckt in Nathanael die Erinnerung an Coppelius und den Tod des Vaters. Er reagiert heftig: er kauft nichts und wirft ihn hinaus. Zu Beginn des zweiten Haupt-

Beide treten spiegelbildlich in den Erzählteilen auf

3.4 Personenkonstellation und Charakteristiken

teils tritt Coppola erneut auf. Nathanael möchte nun Claras Deutung glauben. Diesmal lässt er sich auf einen Kauf ein. Er erwirbt das Perspektiv und verfällt der Faszination Olimpias. In beiden Situationen fördert Nathanael durch sein Verhalten sein Schicksal.

Beide treten in Experimentierszenen auf

In beiden Hauptteilen treten Coppelius bzw. Coppola in einer Experimentierszene auf. Coppelius führt mit Nathanaels Vater Versuche durch, Coppola arbeitet mit Spalanzani bei der Konstruktion der Holzpuppe zusammen. Es kommt beides Mal zum Streit. Als Nathanael entdeckt wird, will ihm Coppelius die Augen rauben.

Coppelius streitet mit dem Vater

„Da ergriff mich Coppelius, ‚kleine Bestie! – kleine Bestie!' meckerte er zähnefletschend! – riss mich auf und warf mich auf den Herd, dass die Flamme mein Haar zu sengen begann: ‚Nun haben wir Augen – Augen – ein schön Paar Kinderaugen.' So flüsterte Coppelius und griff mit den Fäusten glutrote Körner aus der Flamme, die er mir in die Augen streuen wollte. Da hob mein Vater flehend die Hände empor und rief: ‚Meister! Meister! lass meinem Nathanael die Augen – lass sie ihm!' Coppelius lachte gellend auf und rief: ‚Mag denn der Junge die Augen behalten und sein Pensum flennen in der Welt; aber nun wollen wir doch den Mechanismus der Hände und der Füße recht observieren.' Und damit fasste er mich gewaltig, dass die Gelenke knackten, und schrob mir die Hände ab und die Füße und setzte sie bald hier, bald dort wieder ein. ‚'s steht doch überall nicht recht! 's gut so wie es war! – Der Alte hat's verstanden!'" (HL S. 10/R S. 9 f.)

Coppola streitet mit Spalanzani

In gleicher Weise streiten sich Spalanzani und Coppola um ihr Werk, das sie zusammengeschraubt haben und das Nathanael mit seinem Blick belebt hat. Als daher Coppola ihm als Eigentümer die Augen zuwirft, „packte ihn der Wahnsinn mit glühenden Krallen und fuhr in sein Inneres hinein Sinn und Gedanken zerreißend" (HL S. 31/R S. 38).

3.4 Personenkonstellation und Charakteristiken

Nathanael wird Zeuge der Auseinandersetzung, allerdings wie gewohnt nur mittelbar. Er hört die Stimmen von Spalanzani und Coppelius, bevor er Coppola mit der Puppe davoneilen sieht. Spalanzani fordert ihn auf, Coppelius zu verfolgen.

Namenstausch: Coppelius statt Coppola

„Ihm nach – ihm nach, was zauderst du? – Coppelius – Coppelius, mein bestes Automat hat er mir geraubt – Zwanzig Jahre daran gearbeitet – Leib und Leben daran gesetzt – das Räderwerk – Sprache – Gang – mein – die Augen – die Augen dir gestohlen. – Verdammter – Verfluchter – ihm nach – hol mir Olimpia – da hast du die Augen!" (HL S. 31/R S. 37 f.)

Der zweifache Hinweis auf Coppelius statt Coppola stützt nur scheinbar die Auffassung von der personalen Identität. Nathanael bekommt die lautstarke Auseinandersetzung nur akustisch mit und die Identität wird nur von Spalanzani behauptet, der zuvor von Nathanael mit der genau entgegengesetzten Äußerung zitiert worden ist (vgl. HL S. 15/R S. 16).

Der Namenstausch macht angesichts der herausgestellten Affinitäten Sinn. Auf derselben Ebene liegt, dass der erste Hauptteil mit dem Auftreten Coppolas beginnt und Coppelius nach dem Tod des Vaters spurlos verschwindet, während der zweite Hauptteil mit dem erneuten Auftreten Coppolas einsetzt, der mit der Puppe Olimpia verschwindet. Er endet mit Nathanaels Selbstmord und dem schnellen Auftreten und Verschwinden von Coppelius.

Mit Recht ist festgestellt worden, dass es E.T.A. Hoffmann „meisterhaft [...] gelungen ist, Coppelius/Coppola in einem ungewissen Zwielicht zu belassen"[11]. In diesem Zusammenhang spricht U. Ho-

Identitätsfrage weiter offen

---

11 I. Aichinger: „E.T.A. Hoffmanns Novelle *Der Sandmann* und die Interpretation Siegmund Freuds.", *Zeitschrift für deutsche Philologie* 95 (1976), S. 117.

3.4 Personenkonstellation und Charakteristiken

hoff davon, dass der Sandmann, Coppelius und Coppola zusammen als Gegeninstanz zu Nathanael fungieren. Beim Auftreten einer Figur „wird vom Erzähler die jeweils andere Figur mit-assoziiert"[12].

Bei Coppelius und Coppola zeigt sich wiederum, dass die Übergänge fließend sind und sich die Figuren aufeinander beziehen. Die Figuren sind durch ein Netz von Verweisen unterschiedlicher Art aufeinander bezogen. Nur in dieser wechselseitigen Bezogenheit vermittelt sich der Text im Miteinander von fantastischer und realer Welt. Daher muss die Frage, ob es sich um identische oder verschiedene Figuren handelt, offen bleiben.

Wechselseitige Bezogenheit

Einige der dargestellten Bezüge zwischen den Personen sind in der folgenden Darstellung abgebildet:

---

12 Hohoff, S. 322.

3.5 Sachliche und sprachliche Erläuterungen

HL S. 5/ R S. 3	aberwitzig	unverständig
	Geisterseher	jemand, der das zweite Gesicht hat; in Verbindung mit „aberwitzig" tautologisch für „Schwärmer", „Fantast", Anspielung an F. Schillers Roman *Geisterseher* (1789)
	Wetterglas	Barometer, physikalisch–meteorologisches Instrument zur Messung des Luftdrucks
HL S. 6/ R S. 4	Franz Moor	vgl. F. Schillers *Die Räuber*
	Daniel	(V, 1); Franz Moor berichtet dem Diener Daniel über seine Schuld
HL S. 6/ R S. 5	Atzung	Futter von Greifvögeln
HL S. 7/ R S. 6	Wartefrau	Kinderfrau
HL S. 8/ R S. 7	Kleblocken	seitliche Haarrollen an der Perücke
	Haarbeutel	Beutel zum Einbinden der gepuderten Nackenhaare; modischer Artikel im 18. Jahrhundert
	Halsbinde	Vorläufer der Krawatte
HL S. 10/ R S. 9	„Augen her!"	unklar; vielleicht Augen als Ingredienz bei alchemistischen Versuchen; vgl. C. M. von Webers Oper *Der Freischütz* (1821), evtl. auch „Auge" im Sinne von „glänzende Stellen", hier bezogen auf chemische Stoffe
HL S. 10/ R S. 10	schrob	starke Vergangenheitsform zu „schrauben", heute schwach gebildet: „schraubte"
HL S. 15/ R S. 16	Spalanzani	Lazzaro Spallanzani (1729–1799), Biologe, Begründer der experimentellen Biologie
	Collegia	Vorlesungen

3.5 Sachliche und sprachliche Erläuterungen

HL S. 15/ R S. 17	Cagliostro	Alessandro Graf Cagliostro, d. i. Guiseppe Balsamo (1743–1795), Abenteurer und Alchemist, wirkte als Geisterbeschwörer; vgl. Goethes Komödie *Der Groß-Cophta* (1792)
	Chodowiecki	Daniel Chodowiecki (1726–1801), Maler und Radierer, Illustrator; stellte Cagliostro in einem Blatt im „Berliner genealogischen Kalender auf das Jahr 1789" dar
HL S. 18/ R S. 20	Magdalenenhaar, „von Battonischem Kolorit"	Vergleich mit dem Gemälde „Büßende Magdalene" von Pompeo Battoni (1708–1787)
	Ruisdael	Jacob van Ruisdael (1628–1682), niederländischer Landschaftsmaler; Einfluss auf deutsche Malerei der Romantik
	quinkelieren	trällern, trillern
	kindisch	hier: kindlich
	Nebler, Schwebler	Nomen agentis zu „Nebel" bzw. „schweben"; dazu „schwanken"; tautologisch für „Schwätzer"
HL S. 22/ R S. 25	Rapiere	Fechtwaffe
	Mordgewehr	mörderische Waffe
HL S. 23/ R S. 27	Lorgnetten	Brille ohne Bügel, mit Stiel zum Halten
HL S. 24/ R S. 28	Doppelgänger und Revenant	Zentrales Motiv der Romantik, im Volksglauben Ankündigung des nahen Todes; hier: Geist eines Verstorbenen, Gespenst
	Perspektiv	Handfernrohr, aus mehreren ausziehbaren Rohren bestehend
HL S. 24/ R S. 29	Zechini, Dukat	Münzen
HL S. 26/ R S. 31	Rouladen	Läufe, welche die Melodie ausschmücken

3.5 Sachliche und sprachliche Erläuterungen

HL S. 27/ R S. 33	**Legende von der toten Braut**	Sage, in der die Braut als Vampir zum Geliebten zurückkehrt; vgl. Goethes Ballade *Die Braut von Korinth* (1798)
HL S. 29/ R S. 35	**Hieroglyphe**	(griech.) geheimnisvolles Zeichen, Chiffre; Schlüsselwort der Romantik u. a. in G. H. Schuberts *Ansichten von der Nachtseite der Naturwissenschaften* (1808)
	Wahlverwandtschaft	Begriff aus der Chemie, bezeichnet die Fähigkeit von Elementen, Verbindungen zu lösen und neue Verbindungen einzugehen; von Goethe im Roman *Die Wahlverwandtschaften* (1809) auf menschliche Beziehungen übertragen
	Sonetten, Stanzen, Kanzonen	Gedicht- und Strophenformen
HL S. 31/ R S. 37	**Phiolen, Retorten**	kugelförmige Glasflaschen, Behälter für chemische Experimente
HL S. 32/ R S. 39	**Teeisten**	Besucher einer Teegesellschaft
	„Sapienti sat!"	(lat.) Dem Kenner genügt es!
HL S. 34/ R S. 41	**Busch**	vgl. die letzte Prophezeiung der Hexen in Shakespeares, *Macbeth* V. 5, die seinen Untergang besiegelt

3.6 Stil und Sprache

ZUSAMMENFASSUNG

Der Status des Textes ist nicht eindeutig und hängt davon ab, wie das Verhältnis zwischen Text und Wirklichkeit gesehen wird. So kann Nathanaels Seelenlage als Krankheit verstanden werden, die manchmal auch dem Verfasser des Textes zugeschrieben wird. Der Text kann aber auch als Wirklichkeit eigener Art begriffen werden. Fantasie und Groteske, Märchenhaftes und Unheimliches brechen sich darin Bahn. Der Text weist Disparitäten auf, die auf Disparitäten in der Wirklichkeit verweisen.

In drei Briefen werden im ersten Hauptteil unterschiedliche Interpretationen des Verhältnisses von Außen- und Innenwelt anlässlich der Begegnung Nathanaels mit dem Sandmann dargestellt. Erst danach tritt der Erzähler in Erscheinung. Er trägt die Vorgeschichte nach, problematisiert den Beginn der Fortsetzung der Erzählung und formuliert das Erzählkonzept. Es geht beim Erzählen als Vorgang ebenso wie bei der Erzählung von Nathanaels Schicksal um das Verhältnis von Innen und Außen und um das Künstlerschicksal. Nach den wechselnden Ich-Erzählern des ersten Hauptteils knüpft der Er-Erzähler des zweiten Hauptteils bei den dargestellten Ereignissen an und treibt die Handlung in drei Erzählschritten in einem dichten thematischen und motivischen Verweisungsnetz dem Ende zu. Darin spielen einige Motive eine zentrale Rolle: das Auge, die Figur des Sandmanns, die Namen Coppelius und Coppola und das Automatenmotiv.

3.6 Stil und Sprache

Der Status des Textes
Die Vieldeutigkeit der Erzählung

Die Vieldeutigkeit ist ein Grundzug des Textes und bewirkt beim Leser Verunsicherung über den Status des Erzählten. Das wird bereits an der im Titel verwendeten Vorstellung vom Sandmann deutlich. Ursprünglich eine kindgemäße Redeweise, welche die Mutter benutzt, um die Kinder ins Bett zu bringen („wenn ich sage, der Sandmann kommt, so will das nur heißen, ihr seid schläfrig und könnt die Augen nicht offen behalten, als hätte man euch Sand hineingestreut", HL S. 6/R S. 4 f.), wird der Sandmann in der Darstellung der Kinderfrau zur Bedrohung:

Vieldeutigkeit als Grundzug des Textes

Bedeutung des Sandmanns wandelt sich

„,Ei Thanelchen', erwiderte diese, ,weißt du das noch nicht? Das ist ein böser Mann, der kommt zu den Kindern, wenn sie nicht zu Bett gehen wollen und wirft ihnen Hände voll Sand in die Augen, dass sie blutig zum Kopf herausspringen, die wirft er dann in den Sack und trägt sie in den Halbmond zur Atzung für seine Kinderchen; die sitzen dort im Nest und haben krumme Schnäbel, wie die Eulen, damit picken sie der unartigen Menschenkindlein Augen auf.'" (HL S. 6/R S. 5)

Der Sandmann wird nach dieser Erzählung für die Kinder zu einer Erscheinung, die Angst und Schrecken auslöst. Sie ist mit dem nächtlichen Besucher des Vaters verbunden.

Sandmann löst Angst und Schrecken aus

„Als ich nun diesen Coppelius sah, ging es grausig und entsetzlich in meiner Seele auf, dass ja niemand anders, als er, der Sandmann sein könne, aber der Sandmann war mir nicht mehr jener Popanz aus dem Ammenmärchen, der dem Eulennest im Halbmonde Kinderaugen zur Atzung holt – nein! – ein häss-

3.6 Stil und Sprache

licher gespenstischer Unhold, der überall, wo er einschreitet, Jammer – Not – zeitliches, ewiges Verderben bringt." (HL S. 9/R S. 8)

Sandmann beschäftigt Nathanaels kindliche Fantasie

Er beschäftigt die Fantasie Nathanaels. Der Sandmann bindet seine Vorstellungskraft ebenso wie Geschichten von Hexen, Kobolden. „Der Sandmann hatte mich auf die Bahn des Wunderbaren, Abenteuerlichen gebracht, das so schon leicht im kindlichen Gemüt sich einnistet" (HL S. 7/R S. 6). In der Beobachtung des Kindes nehmen der Vater und Coppelius bei ihren Versuchen diabolische Züge an: „Ein grässlicher krampfhafter Schmerz schien seine sanften ehrlichen Züge zum hässlichen widerwärtigen Teufelsbilde verzogen zu haben. Er sah dem Coppelius ähnlich" (HL S. 9/R S. 9).

Mit wenigen Sätzen wird aus einer für Kinder bestimmten Redeweise eine schreckliche Vorstellung, welche die Vorstellungskraft bindet. Der Tod des Vaters, den Nathanael Coppelius zuschreibt, und die Gleichsetzung von Coppelius mit Coppola, der ihm das Perspektiv verkauft, sind weitere Stationen in einem grausigen Geschehen, das zum Selbstmord Nathanaels drängt. Im unentwirrbaren Miteinander von Wahrnehmung und Fantasie wird die Handlung der Erzählung vorangetrieben. Die Grenze zwischen innerer und äußerer Welt wird durchlässig und der Status des Erzählten rätselhaft. Dafür hat man Begriffe wie Ambivalenz, Dualität, Duplizität, Multiperspektivität verwendet.

Stufen bis zum Selbstmord Nathanaels

Grenze zw. innerer u. äußerer Welt durchlässig

Nathanaels Geschichte als Krankengeschichte

So wird Nathanaels Geschichte als Krankengeschichte gelesen. Damit werden Hinweise aufgegriffen, die im Text angelegt sind. Die seelische Situation Nathanaels („Etwas Entsetzliches ist in mein Leben getreten! – Dunkle Ahnungen eines grässlichen mir drohenden Geschicks breiten sich wie schwarze Wolkenschatten

3.6 Stil und Sprache

über mich aus, undurchdringlich jedem freundlichen Sonnenstrahl", HL S. 5/R S. 3) führt zum Selbstmord. Das frühkindliche Trauma, das mit dem Sandmann verknüpft ist, wird mit der Begegnung mit Coppola wieder wirksam. Die Entdeckung, dass Olimpia nur eine Puppe ist, führt zur „Raserei" (HL S. 32/R S. 38) und er kommt ins Tollhaus. Die anschließende Genesung ist nicht von Dauer. Durch den Sprung vom Turm setzt er seinem Leben ein Ende.

Frühkindliches Trauma

Diese Entwicklung wird durch die Bezeichnung der Krankheit Nathanaels als Wahnsinn an den zentralen Stellen der Erzählung markiert. Er versucht sein Trauma dichtend zu verarbeiten. Clara, der er sein Gedicht bewegt vorträgt, „sagte leise, aber sehr langsam und ernst: ‚Nathanael – mein herzlieber Nathanael! – wirf das tolle – unsinnige – wahnsinnige Märchen ins Feuer'" (HL S. 21/R S. 24 f). Daraufhin stößt er sie von sich und beschimpft sie („du lebloses, verdammtes Automat!", HL S. 21/R S. 25). Der Wortwechsel weist auf sein Verhältnis zu Olimpia voraus. Als Nathanael erkennt, dass sie eine leblose Puppe ist, und seine Brust von ihren Augen, die Spalanzani im Streit mit Coppola nach ihm wirft, getroffen wird, da „packte ihn der Wahnsinn mit glühenden Krallen und fuhr in sein Inneres hinein Sinn und Gedanken zerreißend. ‚Hui – hui – hui! – *Feuerkreis – Feuerkreis!* dreh dich *Feuerkreis* – lustig – lustig! – Holzpüppchen hui schön Holzpüppchen dreh dich'" (HL S. 31/R S. 38). Diese Worte stößt Nathanael später auf dem Turm aus, als er Clara hinabwerfen will (HL S. 34/R S. 41 f). Die kurze Phase dazwischen wird Nathanael von Clara gepflegt. Die Besserung wird als Gesundung fehlgedeutet. „Jede Spur des Wahnsinns war verschwunden, bald erkräftigte sich Nathanael in der sorglichen Pflege der Mutter, der Geliebten, der Freunde" (HL S. 33/R S. 40).

Bezeichnung als Wahnsinn

Fehldeutung der Besserung als Gesundung

3.6 Stil und Sprache

> „[...] nicht gewöhnen konnte ich mich an den unheimlichen Spuk, nicht bleicher wurde in mir das Bild des grausigen Sandmanns. Sein Umgang mit dem Vater fing an meine Fantasie immer mehr und mehr zu beschäftigen: den Vater darum zu befragen hielt mich eine unüberwindliche Scheu zurück, aber selbst – selbst das Geheimnis zu erforschen, den fabelhaften Sandmann zu sehen, dazu keimte mit den Jahren immer mehr die Lust in mir empor. Der Sandmann hatte mich auf die Bahn des Wunderbaren, Abenteuerlichen gebracht, das so schon leicht im kindlichen Gemüt sich einnistet. Nichts war mir lieber, als schauerliche Geschichten von Kobolten, Hexen, Däumlingen usw. zu hören oder zu lesen; aber obenan stand immer der Sandmann, den ich in den seltsamsten, abscheulichsten Gestalten überall auf Tische, Schränke und Wände mit Kreide, Kohle hinzeichnete." (HL S. 7/R S. 5 f.)

Marginalie: „Der Sandmann hatte mich auf die Bahn des Wunderbaren, Abenteuerlichen gebracht"

Das Element des Unheimlichen

Eine andere Möglichkeit, die Lebensgeschichte Nathanaels zu verstehen, besteht darin, in ihr das Einwirken des Unheimlichen zu sehen.

Marginalie: Der Sandmann ist mit dem Unheimlichen verknüpft

Das Unheimliche ist von Anfang an mit dem Sandmann verknüpft. Das Wunderbare und das Abenteuerliche sind weitere Facetten der Faszination, die der nächtliche Besucher des Vaters auf Nathanael ausübt. Die Wahrnehmungen drängen zur künstlerischen Verarbeitung.

Marginalie: Störung der Familienidylle

Der Auftritt des Sandmanns stellt eine Störung der Familienidylle dar. Nach dem Abendessen sind alle Familienmitglieder um den Vater versammelt, der Pfeife rauchend und Bier trinkend „wunderbare Geschichten" (HL S. 6/R S. 4) erzählt und darüber in Eifer gerät. Bei Ankunft des Besuchers haben die Kinder zu Bett zu gehen. „An solchen Abenden war die Mutter sehr traurig und

3.6 Stil und Sprache

kaum schlug die Uhr neun, so sprach sie: ‚Nun Kinder! – zu Bette! zu Bette! der Sandmann kommt, ich merk es schon.'" (HL S. 6/ R S. 4). Im Eindringen des Fremden in die Familie sieht S. S. Prawer den wesentlichen Zug der Erzählung, die das Unheimliche bewirkt. In der Darstellung des Unheimlichen mischen sich Angst und Schrecken, die im Verlauf der Handlung wachsen, und Ironie, die immer wieder eine Atempause verschafft.

Eindringen des Fremden in die Familie

Die Erzählweise
Erster Hauptteil
Nathanael an Lothar

Das äußere Geschehen, das Nathanael im ersten Brief an Lothar schildert, setzt bei der Begegnung mit Coppola ein („dass vor einigen Tagen, nämlich am 30. Oktober mittags um 12 Uhr, ein Wetterglashändler in meine Stube trat und mir seine Ware anbot", HL S. 5/R S. 3) und kehrt am Ende dorthin zurück. Äußeres und inneres Geschehen sind unauflösbar miteinander verknüpft. Mit der Darstellung des für sich genommen unscheinbaren Vorgangs ist Nathanaels Schilderung der Auswirkung und Deutung des Ereignisses verbunden. „Ach wie vermochte ich denn euch zu schreiben, in der zerrissenen Stimmung des Geistes, die mir bisher alle Gedanken verstörte! – Etwas Entsetzliches ist in mein Leben getreten!" (HL S. 5/R S. 3) Die Begegnung mit Coppola hat ihn völlig erschüttert, daher hat er Schwierigkeiten, den Brief zu beginnen. Am Ende fasst er äußeres und inneres Geschehen aus seiner Sicht zusammen: „Wenn ich dir nun sage, mein herzlieber Freund! dass jener Wetterglashändler eben der verruchte Coppelius war, so wirst du mir es nicht verargen, dass ich die feindliche Erscheinung als schweres Unheil bringend deute" (HL S. 12/R S. 12).

Verknüpfung äußeren und inneren Geschehens

Sicht Nathanaels

Zwischen Anfang und Ende des Briefes schildert Nathanael den Verlauf in deutlich voneinander abgehobenen Erzählschritten:

3.6 Stil und Sprache

Vom Ammenmärchen zur Horrorvorstellung

erste Bekanntschaft mit dem Sandmann: Ammenmärchen (Mutter), Schreckvorstellung für Kinder (Kinderfrau), eigene Beobachtung bei Ankündigung des Besuchs (Unruhe, Angst, Trennung vom Vater, Ende des familiären Zusammenseins) (HL S. 6–7/R S. 4–6)

Entdeckung

Entdeckung, dass es sich bei ihm um den Advokaten Coppelius handelt (HL S. 7–8/R S. 6–7)

Beobachtung

heimliche Beobachtung des Sandmanns und des Vaters bei alchemistischen Versuchen, Auffindung und Missachtung Nathanaels durch den Sandmann (Verschonung vorm Augenraub, Verschrauben der Gliedmaßen) (HL S. 9–10/R S. 7–10)

Tod des Vaters

tödlicher Unfall des Vaters beim erneuten Experimentieren mit dem Sandmann (HL S. 10–12/R S. 10–11)

Wirkung und Deutung

Das Geschehen führt zur Gleichsetzung des Sandmanns mit dem Advokaten Coppelius und des Wetterglashändlers Coppola mit Coppelius durch Nathanael. Bei jedem Erzählschritt werden Wirkung und Deutung mitgeführt und verdeutlicht. So wächst Nathanaels Gefühlslage von kindlicher Neugier über Entsetzen

3.6 Stil und Sprache

(HL S. 6/R S. 5) bis zu Wut (HL S. 12/R S. 11) und Rachegelüsten („Ich bin entschlossen, es mit ihm aufzunehmen und des Vaters Tod zu rächen", HL S. 12/R S. 12). Das Geschehen nimmt in seinem Verlauf Nathanael ganz gefangen. In entsprechender Weise verändert sich seine Deutung. Er ahnt, dass die Deutung der Mutter nicht zutrifft (HL S. 6/R S. 5), und nach der Erklärung der Kinderfrau wird ihm der Sandmann zur quälenden und fürchterlichen Erscheinung (HL S. 6/R S. 5). „Sein Umgang mit dem Vater fing an, meine Fantasie immer mehr und mehr zu beschäftigen" (HL S. 7/R S. 6). Er bringt ihn „auf die Bahn des Wunderbaren, Abenteuerlichen" (HL S. 7/R S. 6). Seine Deutung verändert sich erheblich nach der Entdeckung, dass der nächtliche Besucher der Kinderschreck Coppelius ist. Abgestoßen von seinem Erscheinungsbild ist er für Nathanael „ein hässlicher gespenstischer Unhold, der überall, wo er einschreitet, Jammer – Not – zeitliches, ewiges Verderben bringt" (HL S. 9/R S. 8). Bei der Beobachtung der heimlichen Experimente wird er entdeckt und misshandelt. Dies führt zu einem hitzigen Fieber (HL S. 10/R S. 10). Als der Vater bei erneuten Versuchen ums Leben kommt, macht er dafür Coppelius verantwortlich und setzt ihn mit dem Teufel gleich: „,Coppelius, verruchter Satan, du hast den Vater erschlagen!' – So schrie ich auf; mir vergingen die Sinne" (HL S. 11/R S. 11). Ohnmacht und Krankheit werden ihn später wieder befallen, wenn die Gemütsbewegung zu groß wird. Äußeres und inneres Geschehen stellen daher eine Steigerung von der kindlich-märchenhaften Vorstellung des Sandmanns bis zur Wahnvorstellung dar.

Veränderte Deutung des Sandmanns

Steigerung von kindlicher Vorstellung zur Wahnvorstellung

Die Darstellung des Geschehens erfolgt im Rückblick. Als Nathanael seinen Brief beginnt, liegt die Begegnung mit Coppola gerade so weit hinter ihm, dass er sich hat fassen können. Um seine innere Bewegung zu verdeutlichen, muss er bis in die Jugend zurückgehen. „Mit aller Kraft fasse ich mich zusammen, um

Rückblick

3.6 Stil und Sprache

ruhig und geduldig dir aus meiner frühern Jugendzeit so viel zu erzählen, dass deinem regen Sinn alles klar und deutlich in leuchtenden Bildern aufgehen wird" (HL S. 5/R S. 4). Die verschiedenen Erzählschritte werden in chronologischer Folge dargestellt. Durch Aussparungen zwischen den einzelnen Erlebnissen wird der zeitliche Verlauf gerafft. Dadurch werden die sich steigernden Entwicklungsschritte in ihrer Verflechtung von äußerem und innerem Geschehen deutlich herausgearbeitet. Besondere sprachliche Signale markieren die Zeitraffung. Dabei handelt es sich entweder um Zeitangaben („Als ich zehn Jahre alt geworden", HL S. 7/R S. 6; „Ein Jahr mochte vergangen sein", HL S. 10/R S. 10) oder Zusammenfassungen, welche die Deutung festhalten und die Anspannung lösen, bevor die nächste Entwicklungsstufe einen höheren Anspannungsgrad bewirkt. So wird die Ablösung der frühkindlichen Vorstellung des Sandmanns auf Grund der Wahrnehmung des Erscheinungsbildes von Coppelius folgendermaßen notiert:

Erzählschritte in chronologischer Folge

Sich steigernde Entwicklungsschritte

Sprachliche Signale

> „Als ich nun diesen Coppelius sah, ging es grausig und entsetzlich in meiner Seele auf, dass ja niemand anders, als er, der Sandmann sein könne, aber der Sandmann war mir nicht mehr jener Popanz aus dem Ammenmärchen, der dem Eulennest im Halbmonde Kinderaugen zur Atzung holt – Nein! – ein hässlicher gespenstischer Unhold, der überall, wo er einschreitet, Jammer – Not – zeitliches, ewiges Verderben bringt." (HL S. 9/R S. 8)

Nathanaels Wahrnehmung von Coppelius

Den Abschluss des Erzählschritts mit der Entdeckung Nathanaels und seiner Misshandlung, seine Deutung und den Übergang zum nächsten Schritt mit dem Tod des Vaters bei einem Experimentierunfall stellt folgende Passage dar:

3.6 Stil und Sprache

„Was soll ich dich ermüden, mein herzlieber Lothar! was soll ich so weitläufig Einzelnes hererzählen, da noch so vieles zu sagen übrig bleibt? Genug! – ich war bei der Lauscherei entdeckt und von Coppelius gemisshandelt worden. Angst und Schrecken hatten mir ein hitziges Fieber zugezogen, an dem ich mehrere Wochen krank lag. ‚Ist der Sandmann noch da?' – Das war mein erstes gesundes Wort und das Zeichen meiner Genesung, meiner Rettung. – Nur noch den schrecklichsten Moment meiner Jugendjahre darf ich dir erzählen; dann wirst du überzeugt sein, dass es nicht meiner Augen Blödigkeit ist, wenn mir nun alles farblos erscheint, sondern, dass ein dunkles Verhängnis wirklich einen trüben Wolkenschleier über mein Leben gehängt hat, den ich vielleicht nur sterbend zerreiße." (HL S. 10/R S. 10)

„Schrecklichster Moment meiner Jugendjahre"

Das Geschehen wird in einem Brief dargestellt. Daher ist der Erzähler nicht unmittelbar gegenwärtig. Der Bericht über den Vorfall und seine Deutung als feindliche Erscheinung, die schweres Unheil bringt (vgl. HL S. 12/R S. 12), werden von Nathanael vorgetragen. Nach wenigen Floskeln kommt er sogleich zur Sache: „Nun soll ich dir sagen, was mir widerfuhr" (HL S. 5/R S. 3). Der Bericht richtet sich an Lothar als Adressaten; seine Zustimmung zu Nathanaels Sehweise wird gesucht. Bis zur Antwort ist Nathanael auf sich selbst verwiesen. Der Schreiber des Briefes gewährt in der Ich-Form Einblick in eine aufgeregte Gemütslage und seine Entstehung aus der Sicht des Betroffenen. Der Erzähler tritt dahinter zurück. Er hat sich auf die Funktion des Herausgebers zurückgezogen, der diesen und die folgenden Briefe zusammengestellt und unter Fortlassung von Datum, Anrede etc. mit einer Überschrift versehen hat. Durch dieses Verfahren sind Unmittelbarkeit und Authentizität gewährleistet.

Darstellung des Geschehens in Briefform

Unmittelbarkeit und Authentizität

3.6 Stil und Sprache

Clara an Nathanael

Gegensätzliches Interpretationsmodell

Im Antwortbrief Claras an Nathanael wird ein gegensätzliches Interpretationsmodell vorgetragen. Sie meint, dass „alles Entsetzliche und Schreckliche, wovon du sprichst, nur in deinem Innern vorging, die wahre wirkliche Außenwelt aber daran wohl wenig teilhatte" (HL S. 13/R S. 13). Der Vorgang stellt einen Beleg dar für

Alles spiele sich nur in Nathanaels Inneren ab

„das Phantom unseres eigenen Ichs, dessen innige Verwandtschaft und dessen tiefe Einwirkung auf unser Gemüt uns in die Hölle wirft, oder in den Himmel verzückt" (HL S. 14/R S. 15). Dem Wunderbaren und Seltsamen, das Nathanaels Gemüt gefangen nimmt, wird in Claras Verständnis eine Einbildung entgegengesetzt. Zum Beleg für ihre Auffassung verweist sie auf Gespräche, die sie geführt hat. Ihre Gewährsleute bestätigen ihr, dass das Opfer immer

Das Opfer sei immer Ursache des eigenen Geschicks

Ursache des eigenen Geschicks ist. Die Nachfrage beim Apotheker (HL S. 13/R S. 14) ergibt, dass der Vater durch Unvorsichtigkeit seinen Tod selbst verschuldet hat, und mit Lothar teilt sie die Meinung, dass er sich der feindlichen Macht selbst ausliefere. Auf diese Weise wird der Vorgang zergliedert und erklärt. Daraus ergeben sich auch Humor und Festigkeit als Gegenmittel:

Nathanael liefere sich selbst der feindlichen Macht aus

„Haben wir festen, durch das heitre Leben gestärkten Sinn genug, um fremdes feindliches Einwirken als solches stets zu erkennen und den Weg, in den uns Neigung und Beruf geschoben, ruhigen Schrittes zu verfolgen, so geht wohl jene unheimliche Macht unter in dem vergeblichen Ringen nach der Gestaltung, die unser eignes Spiegelbild sein sollte." (HL S. 14/ R S. 15)

Je mehr Clara in aufklärerischer Weise auf Nathanaels Wahrnehmungen eingeht, desto stärker betont sie die gegensätzlichen Auffassungen zwischen ihnen beiden.

3.6 Stil und Sprache

Nathanael an Lothar

Nathanaels Antwort an Lothar als den eigentlichen Adressaten seines ersten Briefes fällt entsprechend aus. Sarkastisch äußert er sich zu Claras Erklärung und wischt sie beiseite. Im Ergebnis findet kein Dialog statt. Die verschiedenen Interpretationsmodelle bleiben ohne Gespräch nebeneinanderstehen. Die Vergangenheit bleibt auf sich beruhen. Nathanaels Blick ist auf die Zukunft gerichtet. Er studiert bei Spalanzani und plant in Bälde einen Besuch zu Hause. Dabei entgeht ihm, dass der Neubeginn Elemente der Vergangenheit beinhaltet, die nichts Gutes verheißen. Der Erzähler, der sich hier wie in den beiden Briefen vorher zurückhält und den Briefschreibern die Darstellung zu überlassen scheint, akzentuiert einzelne Aspekte und gibt ihnen damit Verweischarakter. Die Beschreibung Spalanzanis nimmt Züge auf, die auch schon bei Coppelius festgestellt wurden. Dabei sind die „stechenden Augen" (HL S. 15/R S. 17) am auffälligsten. Durch den Blick auf dessen Tochter Olimpia, den die weggezogene Gardine gewährt, wird ihm unheimlich und er ahnt: „Am Ende hat es eine Bewandtnis mit ihr" (HL S. 16/R S. 16), ohne zu wissen, welche das sein wird. Die geplante Heimkehr bringt ihn auf andere Gedanken. „Weggehaucht wird dann die Verstimmung sein, die sich (ich muss das gestehen) nach dem fatalen verständigen Briefe meiner bemeistern wollte. Deshalb schreibe ich auch heute nicht an sie" (HL S. 16/R S. 17). Was als Rückkehr zur unbelasteten Normalität der Beziehung gedacht ist, stellt sich in Wirklichkeit als Unmöglichkeit dar.

Beide Deutungen bleiben ohne Gespräch stehen

Neubeginn beinhaltet Elemente der Vergangenheit

Keine Rückkehr zur Normalität möglich

Die Zwischenrede des Erzählers

Nach den drei Briefen tritt der Erzähler, der sich bisher im Hintergrund gehalten hat und nur zu erschließen war, in Erscheinung. Er gibt sich als Herausgeber der Briefe zu erkennen und bestätigt ihre Authentizität. Sie werden nicht zu Dokumentations-

Erzähler tritt in Erscheinung

3.6 Stil und Sprache

zwecken wiedergegeben, sondern sind Teil eines absichtsvollen Arrangements, dem ein künstlerisches Konzept zu Grunde liegt. Es wird in der Zwischenrede dargestellt. Währenddessen stockt die Handlung der Erzählung. Erst danach wird der Faden wieder aufgegriffen.

Der Erzähler wendet sich an den „geneigten Leser" (HL S. 17/ R S. 18) und stellt ihm das Wecken der Begeisterung im Leser als seine Aufgabe dar. Was ihn als Autor begeistert, soll auf den Leser übertragen werden. Ein erfülltes Seelenleben soll sich dem Leser mitteilen. Ein inneres Gebilde soll in Worten in der Außenwelt Gestalt annehmen. Die Existenz des Wunderbaren und Sonderbaren in der Welt soll dem Leser durch den Autor ansichtig und fühlbar werden.

Erzähler möchte Leser begeistern

Der Erzähler greift Formulierungen von Nathanael auf, indem er eingangs feststellt: „Seltsamer und wunderlicher kann nichts erfunden werden, als dasjenige ist, was sich mit meinem armen Freunde, dem jungen Studenten Nathanael, zugetragen, und was ich dir, günstiger Leser! zu erzählen unternommen" (HL S. 16/ R S. 17 f.). Unter Verweis auf eigene Erfahrungen des Lesers unterlegt er ihm die Einsicht, dass es „innere Gebilde" (HL S. 16/ R S. 18) gibt, die nach Mitteilung verlangen. Das Eindringen des Wunderlichen und Sonderbaren in sein Leben nimmt Nathanael ganz gefangen und drängt ihn, diesen überwältigenden Eindruck brieflich mitzuteilen. Auch für den Erzähler ist Nathanaels Schicksal ein Beleg für die Gegenwart des Wunderlichen und Sonderbaren in der Welt. Es wird ihm zum Beispiel, das zur künstlerischen Mitteilung drängt.

Nathanaels Schicksal als Beleg für das Wunderliche und Sonderbare

Allerdings ist der Erfolg des Erzählers nicht sicher. Gerade wenn das Seelenleben bewegt ist, stellt sich bei der Wiedergabe in Worten das Problem des Anfangs. Das hat schon Nathanael erfahren. Zuerst kann er sich nach Coppolas Besuch gar nicht auf

3.6 Stil und Sprache

das Schreiben konzentrieren, und danach hat er Mühe, mit dem Erzählen zu beginnen:

> „Ach mein herzlieber Lothar! wie fange ich es denn an, dich nur einigermaßen empfinden zu lassen, dass das, was mir vor einigen Tagen geschah, denn wirklich mein Leben so feindlich zerstören konnte! Wärst du nur hier, so könntest du selbst schauen; aber jetzt hältst du mich gewiss für einen aberwitzigen Geisterseher." (HL S. 5/R S. 3)

Der Erzähler steht vor demselben Problem und erörtert drei verschiedene Erzählanfänge, und zwar den Märchenanfang („Es war einmal", HL S. 17/R S. 19), den Beginn ab ovo („In der kleinen Provinzial-Stadt S. lebte", HL S. 17/R S. 19) und den Einstieg medias in res („,Scher Er sich zum Teufel', rief, Wut und Entsetzen im wilden Blick, der Student Nathanael, als der Wetterglashändler Giuseppe Coppola", HL S. 17/R S. 19). Sie stellen unterschiedliche Erzählmodi dar, die sich in der Einstellung zum Geschehen und zur Hauptfigur unterscheiden. Der Märchenanfang greift das Element des Wunderbaren auf, doch es fehlt das glückliche Ende. Die szenische Darstellung gibt einen falschen Eindruck von der Hauptfigur. Allen drei Anfängen ist gemeinsam, dass sie nicht „im mindesten etwas von dem Farbenglanz des innern Bildes abzuspiegeln" (HL S. 17/R S. 19) vermögen. Deshalb wählt der Erzähler in Analogie zur Malerei einen anderen Zugang. Er zeichnet zunächst den Umriss, den er dann farbig ausfüllt. In diesem Verständnis stellen die drei Briefe den Umriss dar, der durch die Wiederaufnahme der Erzählung ausgefüllt wird.

Drei Erzählanfänge

Unterschiedliche Erzählmodi

Erzähler wählt einen anderen Zugang

Mit dem Problem des Anfangs ist noch ein anderes Problem verbunden. Der Leser muss von sich aus einen Ansatzpunkt bieten, an dem die künstlerisch gestaltete Mitteilung ansetzen kann. Wenn

3.6 Stil und Sprache

er kein Interesse an einer Geschichte aufbringt, greift die Kunst des Erzählers ins Leere. Da der Erzähler bisher noch kein Leserinteresse vorfindet, empfindet er das Problem des Anfangs besonders lastend: „Mich hat, wie ich es dir, geneigter Leser! gestehen muss, eigentlich niemand nach der Geschichte des jungen Nathanael gefragt" (HL S. 17/R S. 18). Aus der Diskrepanz zwischen dem Drang, ein Gefühl mitteilen zu müssen, und der Möglichkeit, dass die Mitteilung misslingen kann, erwächst eine Belastung, die zum Scheitern des Künstlers führen kann. Indem der Erzähler Nathanaels Schicksal als Beispiel wählt, wird auf dessen Scheitern vorausgedeutet.

Zwischenrede des Erzählers als Echo der Entstehungszeit

Die Zwischenrede des Erzählers ist in mehrfacher Weise ein Echo der Entstehungszeit. Dies gilt nicht nur für das Künstlerproblem und den Wahnsinn, sondern auch für die romantische Ironie, die durch das Auftreten des Erzählers in der Erzählung eine Desillusionierung des Lesers bewirkt. Im Text sind somit die Erzählung und die zu Grunde liegende künstlerische Konzeption zugleich vorhanden. Theorie und Praxis des Erzählens verweisen aufeinander. Die Erzählung ist nicht nur als Ergebnis vorhanden,

Erzählung als Ergebnis und Prozess

sondern auch als Prozess. Mit der Fortsetzung der Erzählung nach der Zwischenrede des Erzählers wird das Wechselspiel zwischen Illusionierung und Desillusionierung wieder aufgegriffen. Diesem Verfahren liegt die Auffassung vom Verhältnis zwischen Innen- und Außenwelt zu Grunde, nach der die Innenwelt primär ist. Das fühlende und empfindende Subjekt durchdringt die Außenwelt und macht die Gegenwart des Sonderlichen und Wunderbaren in

Rolle der Kunst

der Außenwelt ansichtig. Dies gilt besonders für die Kunst. Sie steht in Nähe zum Traum und vermittelt eine Ahnung von einem Gesamtzusammenhang, in dem früher einmal alle Dinge standen. Die Begeisterung des Künstlers ist die Brücke zwischen der Innen- und Außenwelt. Bei dieser Aufgabenzuweisung der Kunst sind die Unterschiede zwischen den einzelnen Kunstgattungen irrelevant.

3.6 Stil und Sprache

Daher macht es Sinn, dass sich der Erzähler bei seiner Erörterung über den Erzähleinstieg an der Malerei orientiert.

In der Zwischenrede des Erzählers sind theoretische Auffassungen wirksam geworden, die auf zeitgenössische Denker wie F. Schlegel und G. H. Schubert verweisen. Er trägt zunächst die Biografie der Hauptfiguren nach: Lothar und Clara wurden als Waisen von Nathanaels Mutter nach dem Tod des Vaters aufgenommen. Die Kinder wuchsen zusammen auf. Danach verweilt er bei der Darstellung Claras und des Verhältnisses zu Nathanael. Darin wird sichtbar, was bereits in den Briefen und der Zwischenrede angedeutet ist. Nathanael und Clara entfernen sich voneinander. Sie wird als ein widersprüchliches Wesen zwischen Klarheit und Oberflächlichkeit dargestellt, während Nathanael Kunst und Wissenschaft zugetan ist. Die Begegnung mit Coppola wirkt noch immer trotz der unbeschwerten familiären Situation belastend auf Nathanael. Seit Kindheitstagen arbeitet er derartige Probleme durch künstlerische Gestaltung auf. So wurde das Erlebnis des Sandmanns in Kinderzeichnungen verarbeitet (vgl. HL S. 7/R S. 6). Jetzt hat er sein Erlebnis mit Coppola in einem Gedicht aufgenommen:

Theoretische Auffassungen der Zeit

Biografie der Hauptfiguren

Verhältnis Clara – Nathanael

Aufarbeitung von Problemen durch künstlerische Gestaltung

„Es kam ihm endlich ein, jene düstre Ahnung, dass Coppelius sein Liebesglück stören werde, zum Gegenstande eines Gedichts zu machen. Er stellte sich und Clara dar, in treuer Liebe verbunden, aber dann und wann war es, als griffe eine schwarze Faust in ihr Leben und risse irgendeine Freude heraus, die ihnen aufgegangen. Endlich, als sie schon am Traualtar stehen, erscheint der entsetzliche Coppelius und berührt Claras holde Augen: die springen in Nathanaels Brust wie blutige Funken sengend und brennend, Coppelius fasst ihn und wirft ihn in einen flammenden Feuerkreis, der sich dreht mit der Schnelligkeit des Sturmes und ihn sausend und brausend fortreißt. Es ist

Nathanaels Gedicht

3.6 Stil und Sprache

ein Tosen, als wenn der Orkan grimmig hineinpeitscht in die schäumenden Meereswellen, die sich wie schwarze, weißhauptige Riesen emporbäumen in wütendem Kampfe. Aber durch dies wilde Tosen hört er Claras Stimme: ‚Kannst du mich denn nicht erschauen? Coppelius hat dich getäuscht, das waren ja nicht meine Augen, die so in deiner Brust brannten, das waren ja glühende Tropfen deines eignen Herzbluts – ich habe ja meine Augen, sieh mich doch nur an!' – Nathanael denkt: das ist Clara, und ich bin ihr Eigen ewiglich. – Da ist es, als fasst der Gedanke gewaltig in den Feuerkreis hinein, dass er stehen bleibt, und im schwarzen Abgrund verrauscht dumpf das Getöse. Nathanael blickt in Claras Augen; aber es ist der Tod, der mit Claras Augen ihn freundlich anschaut." (HL S. 20 f./R S. 23 f.)

Claras Reaktion auf das Gedicht

Es gelingt Nathanael nicht, seine Bedrückung Clara zu vermitteln. Sie findet seine Dichtung langweilig und strickt beim Zuhören. Seine Begeisterung ist für sie mystische Schwärmerei, der sie verständnislos gegenübersteht. Wie schon in ihrem Antwortbrief nimmt sie Zuflucht zu unangemessenen Ratschlägen. Er soll das Gedicht ins Feuer werfen. Claras Rat und Nathanaels Reaktion verdeutlichen, dass sie nicht zusammenpassen.

„‚Nathanael – mein herzlieber Nathanael! – wirf das tolle – unsinnige – wahnsinnige Märchen ins Feuer.' Da sprang Nathanael entrüstet auf und rief, Clara von sich stoßend: ‚Du lebloses, verdammtes Automat!' Er rannte fort, bittre Tränen vergoss die tief verletzte Clara: ‚Ach er hat mich niemals geliebt, denn er versteht mich nicht', schluchzte sie laut." (HL S. 21/R S. 24 f.)

Das Duell zwischen Lothar und Nathanael, das sich anschließen soll, wird durch Claras Eingreifen verhindert.

3.6 Stil und Sprache

Das Gedicht, das mit seinen beiden Ebenen die Qualität eines Traums hat, und der Wortwechsel zwischen Clara und Nathanael weisen auf zukünftiges Geschehen voraus. Das Wundersame und Sonderbare, das sich für Nathanael in der Begegnung mit Coppola bündelt, stellt für ihn eine Bedrohung dar, die nur verdrängt und nicht verarbeitet wird. Es ist ihm unmöglich, sie mitzuteilen. Clara ist ihm keine Hilfe. Sie deutet sein Verhalten als Wahnsinn. An die Stelle der kindlichen Vertrautheit tritt zunehmende Entfremdung. Was das Gedicht traumartig ausspricht, wird am Ende im Kampf zwischen Spalanzani und Coppola um Olimpia Wirklichkeit. Ihre Augen brennen in seiner Brust (HL S. 31/R S. 38). Desgleichen bedeutet der Blick in Claras Augen in der letzten Szene auf dem Turm Nathanaels Tod (HL S. 34/R S. 41). Auch das Motiv des Feuerkreises kehrt dort wieder.

Zukünftiges Geschehen klingt an

Die Zwischenrede des Erzählers markiert den Übergang von den Ich-Erzählern der Briefe mit der Unmittelbarkeit der Eindrücke zum auktorialen Erzähler, der die Erzählung fortsetzt. Eine Entscheidung zwischen den beiden Interpretationsmodellen wird nicht getroffen. Der Erzähler setzt zwar an derselben Stelle an wie die Briefe, hat aber eine grundsätzlich andere Blickrichtung. Im Rückgriff auf Vorstellungen der Romantik ist das künstlerische Konzept in die Erzählung eingearbeitet. Ihm liegt ein naturphilosophisches Verständnis über das Verhältnis von Innen- und Außenwelt zu Grunde. In diesem Kontext ist Nathanaels Verhängnis als Künstlerproblematik eingebettet. Für den Erzähler ist Nathanaels Schicksal ein Beispiel, das sich vor diesem Hintergrund bewegt. Seine Erschütterung findet Ausdruck in den vielen Vorausdeutungen. Schon in den Briefen wird auf zukünftiges Geschehen angespielt. Dies geschieht nach Wiederaufnahme des Erzählfadens in verstärkter Weise.

Zwischenrede als Übergang

Nathanaels Verhängnis als Künstlerproblematik

3.6 Stil und Sprache

Zweiter Hauptteil

Fortsetzung und Neubeginn

Der zweite Hauptteil ist Fortsetzung und Neubeginn zugleich. Er greift die Handlung des ersten Hauptteils auf, wobei er von denselben Motiven und Themen Gebrauch macht; durch die veränderte Erzählerperspektive wird ein Neubeginn gemacht. An die Stelle des Ich-Erzählers der Briefe und der Zwischenrede tritt der Er-Erzähler. In Vorausdeutungen und Rückbezügen wird das Eindringen des Wunderlichen und Sonderbaren in die Wirklichkeit dargestellt. Dadurch ergibt sich ein dichtes Verweissystem.

In drei großen Erzählschritten, die in Szenen zugespitzt sind, treibt der Erzähler die Handlung voran:

Beziehung Nathanaels zu Olimpia

Alle drei Szenen gestalten die enger werdende Beziehung Nathanaels zu Olimpia. Diese Entwicklung wird durch den Umzug in eine neue Wohnung angestoßen, den Freunde für ihn nach einem Feuer organisieren. Von dort aus kann er Olimpia beobachten. Ihr verfällt er mehr und mehr, nachdem er bei Coppola ein Perspektiv erworben hat und mit ihr auf dem Fest zusammen war. Mit ihr führt er lange einseitige Gespräche, sie ist stumme Zuhörerin seiner Dichtungen. Die dargestellten Ereignisse erscheinen zufällig, bewirken jedoch, dass Nathanael seinem Untergang näher kommt. Am Ende steht der Zusammenbruch, als er beim Streit zwischen Spalanzani und Coppola feststellt, dass Olimpia nur eine Puppe ist.

3.6 Stil und Sprache

Die drei Ereignisse werden szenisch zugespitzt und folgen chronologisch aufeinander. Der Erzähler verfügt souverän über das äußere und das innere Geschehen. Er kann daher unauffällig zwischen der auktorialen und der personalen Erzählperspektive wechseln.

Wechsel zwischen personaler und auktorialer Perspektive

Die Ereignisse bewirken, dass Olimpia Clara in Nathanaels Herz verdrängt. Dieser Vorgang wird vom Erzähler mit feiner Ironie dargestellt. Als er einen Brief an Clara beginnt, bemerkt er zwar Olimpias schönen Wuchs, aber „Clara im Herzen, blieb ihm die steife, starre Olimpia höchst gleichgültig und nur zuweilen sah er flüchtig über sein Kompendium herüber nach der schönen Bildsäule, das war alles" (HL S. 23/R S. 27). Als er den Brief beenden will, kann er sich nicht von Olimpias Anblick lösen. „Claras Bild war ganz aus seinem Innern gewichen, er dachte nichts, als Olimpia" (HL S. 25/R S. 30). Dazwischen liegt der Verkaufsbesuch Coppolas bei Nathanael. Ironischerweise fördert der Gedanke an sie und ihre Ratschläge den Kauf des Perspektivs. Er lehnt den Kauf von Wetterglas und Brillen entschieden ab.

Feine Ironie des Erzählers

„Sowie die Brillen fort waren, wurde Nathanael ganz ruhig und an Clara denkend sah er wohl ein, dass der entsetzliche Spuk nur aus seinem Innern hervorgegangen, sowie dass Coppola ein höchst ehrlicher Mechanicus und Opticus, keineswegs aber Coppelii verfluchter Doppeltgänger und Revenant sein könne. Zudem hatten alle Gläser, die Coppola nun auf den Tisch gelegt, gar nichts Besonderes, am wenigsten so etwas Gespenstisches wie die Brillen und, um alles wiedergutzumachen, beschloss Nathanael dem Coppola jetzt wirklich etwas abzukaufen. Er ergriff ein kleines sehr sauber gearbeitetes Taschenperspektiv und sah, um es zu prüfen, durch das Fenster." (HL S. 25/R S. 28)

Coppola bei Nathanael

3.6 Stil und Sprache

Dabei fällt sein Blick auf Olimpia. Sie wird für ihn zum lebendigen Gegenüber.

Nathanael erblickt Olimpia durch das Perspektiv

„Nun erschaute Nathanael erst Olimpias wunderschön geformtes Gesicht. Nur die Augen schienen ihm gar seltsam starr und tot. Doch wie er immer schärfer und schärfer durch das Glas hinschaute, war es, als gingen in Olimpias Augen feuchte Mondesstrahlen auf. Es schien, als wenn nun erst die Sehkraft entzündet würde; immer lebendiger und lebendiger flammten die Blicke. Nathanael lag wie festgezaubert im Fenster, immer fort und fort die himmlisch-schöne Olimpia betrachtend." (HL S. 24/R. S. 28 f.)

Zweite Entwicklung: Nathanael fördert eigenen Untergang

Die Bindung an sie wird durch die Begegnung beim Fest und danach noch verstärkt. Mit der Verdrängung von Clara durch Olimpia in Nathanaels Herz geht eine zweite Entwicklung einher. Nathanael fördert seinen eigenen Untergang. Beim Erwerb des Perspektivs lässt der personale Erzähler Nathanael in tragischer Ironie seine Situation beschreiben. Als Coppola ihn lachend verlässt, ahnt er, dass er das Perspektiv „zu teuer bezahlt" (HL S. 25/R S. 29) hat. Zugleich hört er einen „Todesseufzer" (HL S. 25/R S. 29), den er selbst ausgestoßen hat. Mit dem Blick durch das Perspektiv erschafft er sich Olimpia als nahezu stummen Zuhörer für seine Äußerungen. Sie ist ihm eine „echte Hieroglyphe der innern Welt voll Liebe und hoher Erkenntnis des geistigen Lebens in der Anschauung des ewigen Jenseits" (HL S. 29/R. S. 35). Beim Streit zwischen Spalanzani und Coppola erkennt er, dass es sich bei Olimpia nur um eine Puppe handelt. Ihre blutigen Augen, mit denen er beworfen wird, treffen ihn an der Brust und lösen seinen Zusammenbruch aus:

Auslöser des Zusammenbruchs: die blutigen Augen

3.6 Stil und Sprache

„Da packte ihn der Wahnsinn mit glühenden Krallen und fuhr in sein Inneres hinein Sinn und Gedanken zerreißend. ‚Hui – hui – hui! – *Feuerkreis – Feuerkreis!* dreh dich *Feuerkreis* – lustig – lustig! – Holzpüppchen hui schön Holzpüppchen dreh dich –‘, damit warf er sich auf den Professor und drückte ihm die Kehle zu. Er hätte ihn erwürgt, aber das Getöse hatte viele Menschen herbeigelockt, die drangen ein, rissen den wütenden Nathanael auf und retteten so den Professor, der gleich verbunden wurde. Siegmund, so stark er war, vermochte nicht den Rasenden zu bändigen; der schrie mit fürchterlicher Stimme immerfort: ‚Holzpüppchen dreh dich' und schlug um sich mit geballten Fäusten. Endlich gelang es der vereinten Kraft mehrerer, ihn zu überwältigen, indem sie ihn zu Boden warfen und banden. Seine Worte gingen unter in entsetzlichem tierischen Gebrüll. So in grässlicher Raserei tobend wurde er nach dem Tollhause gebracht." (HL S. 31 f./R S. 38)

Nathanael verfällt dem Wahnsinn

Feuer, Tanz und Puppe kommen in dem Ausruf des wütenden Nathanael zusammen. Er fasst Elemente zusammen, die Nathanaels Schicksal bestimmt haben. Zugleich weist der Ausruf auf die abschließende Todesszene voraus, in welcher er wiederholt wird.

Parallelen zur Todesszene

Vorher wendet sich noch einmal der Erzähler an den Leser und schildert die Reaktionen auf das Fest. Durch sie entlarvt sich die Gesellschaft, die ihren Umgang in Form von Teegesellschaften organisiert, als hohl. Juristen sprechen von Betrug; einige, die sich klug geben, wollen vorher Verdacht geschöpft haben. Ein akademischer Schöngeist stellt eine Uminterpretation zur Verfügung („Das Ganze ist eine Allegorie – eine fortgeführte Metapher!", HL S. 32/R S. 39). Es werden falsche Konsequenzen gezogen („In den Tees wurde unglaublich gegähnt und niemals geniesset, um jedem Verdacht zu begegnen", HL S. 33/R S. 39). Die Zwischenrede des

Entlarvung der Gesellschaft

3.6 Stil und Sprache

Retardierendes Moment

Erzählers wirkt mit ihrer Gesellschaftskritik in Bezug auf Nathanaels Schicksal retardierend. Sie weckt die Hoffnung auf ein gutes Ende der Erzählung, indem der Eindruck von einer Genesung im Kreis der Familie verbreitet wird. „Jede Spur des Wahnsinns war verschwunden" (HL S. 33/R S. 40). Darin liegt eine Entsprechung zum Verhältnis zwischen Nathanael, Clara und Lothar nach dem Briefwechsel vor. Sie haben sich völlig entzweit. Das Duell entfällt wegen der Versöhnung, die jedoch nur von oberflächlicher Art ist.

Die Todesszene

Die Todesszene ist wie die Begegnung mit Coppelius im ersten Brief genau datiert. Der Blick durch das Perspektiv zeigt Clara (HL S. 34/R S. 41) und die frühere unscheinbare Feststellung entfaltet ihre vorausschauende Wirkung: „Nathanael blickt in Claras Augen; aber es ist der Tod, der mit Claras Augen ihn freundlich anschaut" (HL S. 21/R S. 23 f.). Das Wunderliche und Sonderbare manifestiert sich in der Wirklichkeit nicht in märchenhafter Form.

Nathanael scheitert

Nathanael und Clara kommen nicht zusammen, sie sind nicht füreinander bestimmt. Nathanael scheitert und nimmt ein tragisches Ende. Es werden durch seine drei Ausrufe („Holzpüppchen dreh dich", „*Feuerkreis* dreh dich", „Sköne Oke", HL S. 34 f./R S. 41 f.) die zentralen Handlungszüge wieder aufgegriffen, und die Anwesenheit von Coppelius wird in einen deutenden Kontext gestellt. Clara hingegen führt das Schicksal in die Familienidylle. Dies fügt

Clara lebt in Familienidylle

der Erzähler noch an und schließt daraus, „dass Clara das ruhige häusliche Glück noch fand, das ihrem heitern lebenslustigen Sinn zusagte und das ihr der im Innern zerrissene Nathanael niemals hätte gewähren können" (HL S. 35/R S. 42).

3.6 Stil und Sprache

Zentrale Motive
Das Motiv des Auges

Bei der Darstellung der Entwicklung Nathanaels ist das Motiv der Augen ein zentrales Motiv. Es ist in vielfacher Hinsicht geschichtet.

In sachlicher Hinsicht gehören der Blick und Sehhilfen (Brillen, Perspektiv), der Aufbau des Auges (Linse, Pupille, Lid), die Arten des Sehens, aber auch das Phänomen des Lichts (hell/dunkel, Farben, Spiegel) bis hin zu Tag und Nacht in diesen Sinnbezirk. Die genannten Aspekte stellen wichtige Schlüsselwörter dar.

Sinnbezirke

Auf der Bedeutungsebene ist das Auge zugleich Organ der sinnlichen Wahrnehmung und des seelischen Ausdrucks. Als Wahrnehmungsorgan ist es eine wichtige Grundlage der Erkenntnis, als Ausdrucksorgan gibt es seelische Zustände zu erkennen und stiftet Beziehungen zwischen Menschen. Die kognitive und psychische Funktion des Auges ist Chance und Gefahr zugleich. Der Wahrnehmende kann durch falsche Eindrücke getäuscht werden; Beziehungen zwischen Menschen können gestört sein. Das Auge hat eine „Mittlerfunktion zwischen Innen und Außen, zwischen Subjekt und Objekt"[13].

Bedeutungsebenen

Viele kulturelle und geistesgeschichtliche Ansätze fließen in die Ausgestaltung des Motivs ein. Die Figur des Sandmanns gehört dem Volks- und Aberglauben an. Philosophie, Psychologie, Medizin und Physik sind für das Auge und das Sehen zuständig und ihre historischen Vorstufen haben sich seit der Antike damit beschäftigt. So deutet Plato (427–347 v. Chr.) Sehen und Erkennen mythisch im Zusammenhang mit der Entstehung des Menschen. Zur Ermöglichung der Bewegung wird das Antlitz und „in ihm alle

Geistesgeschichtliche Ansätze

---

13 B. Feldges und U. Stadler: *E.T.A. Hoffmann. Epoche – Werk – Wirkung.* München: Beck, 1986, S. 142.

3.6 Stil und Sprache

der Voraussicht der Seele dienstbaren Werkzeuge"[14] an der Vorderseite des Körpers angebracht. Die Wahrnehmung von Tag und Nacht und die Beobachtung des Alls sind Grundlagen für das philosophische Denken.[15] In der Romantik, insbesondere bei Novalis, werden Platos Gedanken aufgegriffen und weitergeführt. Novalis führt die platonischen Auffassungen vom Auge als Beobachtungsorgan von Planeten und Sternen und als Spiegel der Seele in der Vorstellung vom „schaffenden Werkzeug"[16] zusammen.

Herkunft der Schlüsselwörter

Diese frühen philosophischen und in der Romantik aufgegriffenen Gedanken finden auch Ihre Entsprechung in der Herkunft der Schlüsselwörter. Die Wörter ‚Gesicht', ‚Antlitz' und ‚Blick' gehören zusammen. Sie verweisen auf das Grundwort ‚sehen' und decken einen gemeinsamen Bedeutungsbereich ab.

Augenmotiv bei Hoffmann

Vor diesem Traditionshintergrund ist das Augenmotiv bei Hoffmann zu sehen. Die folgenden Episoden sind Schlüsselszenen für die Ausgestaltung des Motivs:
→ Die Sandmann-Szene
→ Beobachtung der Versuche und Entdeckung durch Coppelius
→ Nathanaels Dichtung
→ Handel mit Coppola und Erwerb des Perspektivs
→ Der Streit zwischen Spalanzani und Coppola

In der Schlussszene werden die verschiedenen Aspekte des Motivs zusammengeführt.

Nathanaels Jugendgeschichte

Nathanael erzählt seine Jugendgeschichte, um den Schock, den ihm die Begegnung mit Coppola bereitet, verständlich zu machen. „Mit aller Kraft fasse ich mich zusammen, um ruhig und gedul-

---

14 R. Drux: *Erläuterungen und Dokumente. E. T. A. Hoffmann: Der Sandmann.* Stuttgart: Reclam, 1994, S. 141.
15 Ebd., S. 142.
16 Hohoff, S. 284 ff.

3.6 Stil und Sprache

dig dir aus meiner frühern Jugendzeit so viel zu erzählen, dass deinem regen Sinn alles klar und deutlich in leuchtenden Bildern aufgehen wird" (HL S. 5/R S. 4). Wenn dies nicht gelingt, gilt er als „Geisterseher" (HL S. 5/R S. 3). Die Erzählung vom Vorfall soll ein klares Bild vermitteln von dem, was den Erzähler bewegt. Im Fall des Gelingens bewirkt die Fantasie den Brückenschlag zwischen der Welt des Sonderbaren und Unheimlichen und der Wirklichkeit. Dann beseelt die poetische Fantasie die Wirklichkeit. Im Fall des Scheiterns sind Fantasie und Wirklichkeit getrennte Bereiche. Fantasie und Traum schlagen um in Krankheit und Vereinzelung. Ansatzpunkt für die Erzählung der Jugendgeschichte ist die Redensart vom Sandmann. „‚Es gibt keinen Sandmann, mein liebes Kind', erwiderte die Mutter; ‚wenn ich sage, der Sandmann kommt, so will das nur heißen, ihr seid schläfrig und könnt die Augen nicht offen behalten, als hätte man euch Sand hineingestreut'" (HL S. 6/R S. 4 f.). Der Sandmann markiert den Übergang zwischen Tag und Nacht, zwischen Wachzustand und Schlaf, in dem das Bewusstsein und Wahrnehmungsfähigkeit verändert und reduziert sind. Von dieser Übergangszone waren die Romantiker fasziniert. Der Schlaf als Bruder des Todes und der Traum als Verbindung mit einem früher existenten Weltganzen sind in Dichtung und Naturphilosophie eingegangen. Für Nathanael steht der Sandmann sogleich in einer schlimmen Perspektive. Er ist böse, weil er den Vater von den Kindern fortreißt. Den fremden Besucher bekommt Nathanael nicht zu Gesicht. Die Kinderfrau verstärkt die Furcht des Kindes.

Sandmann markiert Übergang zwischen Tag und Nacht

„‚Ei Thanelchen', erwiderte diese, ‚weißt du das noch nicht? Das ist ein böser Mann, der kommt zu den Kindern, wenn sie nicht zu Bett gehen wollen und wirft ihnen Händevoll Sand in die Augen, dass sie blutig zum Kopf herausspringen, die wirft er

Die Sandmann-Version der Kinderfrau

3.6 Stil und Sprache

dann in den Sack und trägt sie in den Halbmond zur Atzung für seine Kinderchen; die sitzen dort im Nest und haben krumme Schnäbel, wie die Eulen, damit picken sie der unartigen Menschenkindlein Augen auf.'" (HL S. 6/R S. 5)

Sie bestätigt Nathanaels Eindruck, dass der Sandmann böse ist. Sie übertreibt, wenn bei ihr aus der Vagheit der Mutter („als hätte man Sand gestreut") Bestimmtheit („Hände voll Sand") wird. Sie erweitert die Geschichte durch den Verlust der Augen, die blutig herausspringen. In Verbindung mit Eulen wird daraus ein Augenraub. Die harmlose Einschlafgeschichte vom Kinderschreck ist für Nathanael in den Bereich des Schaurigen und Schrecklichen gerückt. Ursächlich dafür ist seine Fantasie, die Wahrnehmungen von Anfang an emotional besetzt. Nachfolgende Wahrnehmungen und Mitteilungen halten unter dem Einfluss der Fantasie diesen Prozess in Gang. „Das Bild des Sandmanns, das sich in Nathanael ausmalt, und sein Sehen des Coppelius als Sandmann sind seelisch gesteuerte Wahrnehmungen, die die wahrgenommene Wirklichkeit subjektiv verändern."[17]

Nathanaels Fantasie besetzt Wahrnehmungen emotional

Durch heimliche Beobachtung stellt Nathanael fest, dass Coppelius der Besucher seines Vaters ist. Durch die gesteuerte Wahrnehmung steht für ihn fest, dass er der Sandmann ist. Alles verstärkt diese Gewissheit und schließt ihn mehr und mehr aus der Wirklichkeit aus.

„Als ich nun diesen Coppelius sah, ging es grausig und entsetzlich in meiner Seele auf, dass ja niemand anders, als er, der Sandmann sein könne, aber der Sandmann war mir nicht mehr jener Popanz aus dem Ammenmärchen, der dem Eulennest im

---

17 Hohoff, S. 281.

Halbmonde Kinderaugen zur Atzung holt – Nein! – ein hässlicher gespenstischer Unhold, der überall, wo er einschreitet, Jammer – Not – zeitliches, ewiges Verderben bringt." (HL S. 9/R S. 8)

Der Name Coppelius spielt auf das Augenmotiv und die alchemistische Tätigkeit des Trägers an. Der italienische Wortstamm „coppo" oder „coppa" bedeutet „Schale, Becher" und bezeichnet die Augenhöhle. Dazu gehören „coppella" für „Schmelztiegel" und „coppellare" für „läutern".[18] Da chemische Vorgänge als Schöpfungsakte gedacht wurden, muss auch die sexuelle Konnotation hinzugenommen werden. In diesem Wahrnehmungs- und Bedeutungskontext ist nicht verwunderlich, dass Nathanael den Wandschrank, in dem sich die Laborgerätschaften des Vaters befinden, als „schwarze Höhlung" (HL S. 9/R S. 9) wahrnimmt. Bei der Beobachtung sieht Nathanael Menschgesichter ohne Augen, nur mit Höhlungen. Als Coppelius „Augen her!" (HL S. 10/R S. 9) ruft, bezieht Nathanael das auf sich und verrät sich selbst. Im Wort Auge fallen die Sandkörner, die der Sandmann den Kindern beim Einschlafen in die Augen streut, und der Augenraub durch die Eulen im Ammenmärchen zusammen, während Coppelius sich vielleicht nur auf den Versuch bezog.[19] Erst dadurch kommt er auf den Gedanken, ihm glühende Körner in die Augen zu streuen und auf den Augenraub. Davon lässt er auf Flehen des Vaters ab.

Coppelius – Wortbedeutung

Auge und Augenraub

Zum Aussehen von Coppelius gehören auch seine funkelnden, stechenden Augen. Dem Blick ist er durch Dunkelheit und Dampf zunächst entzogen.

Für die behauptete Identität von Coppola und Coppelius gibt es nur Nathanaels briefliche Schilderung, die freilich Clara nicht

---

18 Ebd., S. 239.
19 Ebd., S. 244.

3.6 Stil und Sprache

Clara hat klaren Engelsblick

überzeugt. Sie ist durch ihren klaren Engelsblick charakterisiert. Sie hält die Wahrnehmung für eine Täuschung und die von Nathanael behauptete „unheimliche Macht" (HL S. 14/R S. 15) für sein eigenes Spiegelbild. Sie verstärkt damit die seelische Steuerung von Nathanaels Wahrnehmungen, die später als Projektionen wirksam werden. Sie sind „das Phantom unseres eigenen Ichs, dessen innige Verwandtschaft und dessen tiefe Einwirkung auf unser Gemüt uns in die Hölle wirft, oder in den Himmel verzückt" (HL S. 14/R S. 15). Erstere Möglichkeit realisiert sich an Nathanael.

In der Zwischenrede greift der Erzähler das Motiv, das bereits Nathanael für seine Erzählung hatte, auf und wirbt beim Leser um Verständnis. Er will „das innere Gebilde mit allen glühenden Farben und Schatten und Lichtern aussprechen" (HL S. 16/R S. 18), er versucht „etwas von dem Farbenglanz des innern Bildes abzuspiegeln" (HL S. 17/R S. 19). Der Leser soll „glauben, dass nichts wunderlicher und toller sei, als das wirkliche Leben und dass dieses der Dichter doch nur, wie in eines matt geschliffnen Spiegels dunklem Widerschein, auffassen könne" (HL S. 17/R S. 19). In diese Auffassung ist die romantische Auffassung von Dichtung eingeflossen, die Hoffmann als serapiontischens Prinzip formuliert hat. Es ist im dritten Band der *Serapionsbrüder* formuliert. Dort spricht Lothar, der fiktive Verfasser der Erzählung *Die Brautwahl*, von „meinem Hange, das Märchenhafte in die Gegenwart, in das wirkliche Leben zu versetzen".[20] Es gilt, die Grenzen des Alltäglichen in Richtung auf das Märchenhafte und Sonderbare zu überschreiten. Die alltägliche Wirklichkeit soll poetisiert werden. Voraussetzung dafür ist die erfüllte Innerlichkeit des Verfassers. Bei dieser Dichtungsauffassung ist der Dichter auf seine Fantasie angewiesen. Er muss die Fähigkeit haben, das Sonderbare, Unheimliche, Mär-

Romantische Auffassung von Dichtung: das „serapiontische Prinzip"

Poetisierung der Wirklichkeit

---

[20] E.T.A. Hoffmann: *Poetische Werke in sechs Bänden*, Bd. 4, S. 113.

3.6 Stil und Sprache

chenhafte zu sehen und zu vermitteln. Seine Dichtung läuft dabei Gefahr, als „bizarrer Scherz für den Augenblick", als Mosaik, in dem „die heterogensten Stoffe willkürlich durcheinandergeschüttelt"[21] sind, betrachtet zu werden. Er selbst wird zum Kranken und Wahnsinnigen, wenn er scheitert.

In einem Gedicht gestaltet Nathanael seine Zukunftsangst. Bei der Hochzeit springen Claras Augen, von Coppelius berührt, heraus und dringen als blutige Funken sengend in Nathanaels Brust ein. Er wird in einen Feuerkreis geworfen. Auch in der Dichtung vertritt Clara den Gegenpol. Danach brennt sein Herzblut. In ihren Augen erblickt er den Tod. Hochzeit und Tod, Augen und Feuer sind als Motive zusammengedrängt und deuten auf Nathanaels Tod voraus. Motive deuten auf Tod voraus

Der Prozess der gesteuerten Wahrnehmung setzt sich beim Handel mit Coppola und dem Erwerb des Perspektivs fort. Nathanael erinnert sich an den Wetterglashändler und bezieht die Warenanpreisung „sköne Oke" auf Augen. Coppolas Blick ist ebenso wie der von Coppelius funkelnd und sein Name ist ebenso sprechend. Die Brillen entwickeln für Nathanael ein bedrohliches Eigenleben. Losgelöste Augen blicken ihn an und beginnen „seltsam zu flimmern und zu funkeln" (HL S. 24/R S. 27). Durchdringend wie Blicke und sengend und blutrot in die Brust springend verhalten sich nun Brillen unter dem Einfluss von Coppola.

„Tausend Augen blickten und zuckten krampfhaft und starrten auf zum Nathanael; aber er konnte nicht wegschauen von dem Tisch, und immer mehr Brillen legte Coppola hin, und immer wilder und wilder sprangen flammende Blicke durcheinander und schossen ihre blutrote Strahlen in Nathanaels Brust. Über- Brillen wirken bedrohlich auf Nathanael

---

21 Ebd.

3.6 Stil und Sprache

mannt von tollem Entsetzen schrie er auf: ‚Halt ein! halt ein, fürchterlicher Mensch!'" (HL S. 24/R S. 27 f.)

Beim Blick durch das Perspektiv belebt Nathanael die heimlich beobachtete Puppe Olimpia.

„Nur die Augen schienen ihm gar seltsam starr und tot. Doch wie er immer schärfer und schärfer durch das Glas hinschaute, war es, als gingen in Olimpias Augen feuchte Mondesstrahlen auf. Es schien, als wenn nun erst die Sehkraft entzündet würde; immer lebendiger und lebendiger flammten die Blicke." (HL S. 24/R S. 28)

|Blick durch das Perspektiv als Schöpfungsakt| Der Blick durch das Perspektiv wird zum Schöpfungsakt, die Puppe wird lebendig und Nathanael verfällt ihr, wird willenlos, verliert an Sehkraft. Das Perspektiv schafft Nähe und Vergrößerung. Seine Perspektive ist „verrückt". In Clara sieht er einen Automaten, in Olimpia eine „Hieroglyphe der innern Welt" (HL S. 29/R S. 35). Nur Nathanael kann ihr „Liebesblick" (HL S. 29/R S. 34) aufgehen, weil er seine Eigenliebe auf sie projiziert. Wie schon zuvor beobachtet, schwingen auch hier mythische und sexuelle Anspielungen (Pygmalion, Narziss; Puppe, Pupille) mit.

Entlarvung Olimpias

Beim Streit zwischen Spalanzani und Coppola wird Olimpia als mechanisches Geschöpf entlarvt. Spalanzani hat sich als Wissenschaftler ausgebend zusammen mit Coppelius/Coppola einen menschenähnlichen Automaten gebaut. Aber erst Nathanael gibt ihm durch seinen Blick Lebenskraft. Als leblose Puppe hat sie keine Augen, sondern nur „schwarze Höhlen" (HL S. 31/R S. 37). Blutige Augen starren Nathanael an, Spalanzani greift sie und bewirft ihn damit, sie dringen glühend in seine Brust ein. Wie schon zuvor in der Dichtung bildet sich ein Feuerkreis.

3.6 Stil und Sprache

In den genannten Episoden wird das Augenmotiv immer nur in Zusammenhang mit sich steigernden schrecklichen Erlebnissen verwendet. Nach U. Hohoff erlebt Nathanael „Augen, die vom lebenden Organismus getrennt sind oder in ihm nicht mehr funktionieren. Diese Erfahrung manifestiert sich in drei Formen:
→ Menschen ohne Sehfähigkeit (mit zerstörten Augen oder mit leeren Augenhöhlen).
→ Vom Menschen isolierte selbsttätige Augen.
→ Zusätzliche Augen werden Menschen aufgezwungen / auf sie geworfen." [22]

Friedrich Kühne als Spalanzani in *Hoffmanns Erzählungen* (Inszenierung von Max Reinhardt 1931)
© ullstein bild – Wolff von Gudenberg

In der abschließenden Szene wird das gesamte Motiv in seiner Vielgestaltigkeit eingesetzt. Wie schon in seinem Gedicht erblickt er Clara, als er durch das Perspektiv sieht (HL S. 21 und 34/R S. 23 f. und 41). Hier wie dort deutet das auf seinen Tod. An den Streit zwischen Spalanzani und Coppelius/Coppola erinnert der wahnsinnige Ausruf „Holzpüppchen dreh dich" (HL S. 41 und 34/R S. 38 und 41) und die Entlarvung Olimpias als mechanisches Geschöpf. Im Feuerkreis bewegt sich Nathanael wie in seinem Gedicht und bei der Entlarvung Olimpias (HL S. 20, 31 f., 34/R S. 23, 38 und 42). Wie schon im ersten Brief stellt Nathanael die Verbindung zwischen Coppelius und Coppola her. Er erblickt Coppelius unter

---

22 Hohoff, S. 292.

3.6 Stil und Sprache

den Zuschauern und stürzt sich mit Coppolas Aufforderung „Sköne Oke" (HL S. 23 und 35/R S. 27 und 42) in den Tod.

Das Automaten-Motiv

Automaten gibt es seit der Antike. Es handelt sich dabei um Vorrichtungen, die durch einen Antrieb (zum Beispiel Federn oder Gewichte) bewegt werden. Dafür kommen Uhren, Planetarien oder auch Nachahmungen von Tieren oder Menschen (Androiden) in Frage. In der Renaissance brachte die Technologie der Taschenuhr den Bau von Automaten voran. Dabei ging es darum, Bewegungen täuschend echt nachzumachen. Ein nächster wichtiger Antrieb war die Aufklärung mit ihrer Philosophie und ihrem Menschenbild. Die Vorstellung vom Menschen als einer perfekten Maschine wurde von J. O. de La Mettrie (1709–1751) vertreten. In seinem Werk *L'homme plus que machine* (1748) griff er den Gedanken von R. Descartes (1596–1650) auf, dass das Tier eine Maschine sei, und verlängerte die Vorstellung in den menschlichen Bereich. Zuvor hatte schon C. von Linné (1707–1778) Tier und Mensch in eine Entwicklung gestellt. Berühmtheit erlangten u. a. der Flötenspieler von J. de Vaucanson und der Schachspieler von W. von Kempelen. Dieser war freilich kein Automat, sondern wurde von einem innen sitzenden Menschen betrieben. J. Chr. Wiegleb hatte in einem umfangreichen Werk *Die natürliche Magie* (1782 ff.) unter anderem diese Vorrichtungen dargestellt. Hier hatte E. T. A. Hoffmann davon erfahren. Dem breiten Publikum wurden Automaten auf Jahrmärkten vorgeführt und ihre Leistungen wurden lebhaft diskutiert.

Der Mensch als perfekte Maschine

Auch in der Literatur der Romantik ist das Motiv des Automaten weit verbreitet.[23] Auch Hoffmann hat mehrfach davon Gebrauch gemacht, u. a. in der fragmentarischen Erzählung *Die Automate* (1814)

Hoffmanns Erzählung *Die Automate*

---

23 Ebd., S. 335.

3.6 Stil und Sprache

im zweiten Band der *Serapionsbrüder*. Sie enthält wesentliche Elemente, die in die Erzählung *Der Sandmann* übernommen wurden:[24]
- der Tanz mit dem Automaten
- der unheimliche Blick ohne Sehkraft
- die Verwechselung von Mensch und Automat
- die Metapher einer „fremden Macht"
- die geheime psychische Verbindung zwischen Mensch und Automat

Das Motiv des Automaten ist in der Erzählung *Der Sandmann* auf vielfältige Weise ausgestaltet. Vor dem Hintergrund des Verhältnisses von Innenwelt und Außenwelt und konträrer Interpretationsmodelle der Wirklichkeit geht die Frage, was Realität, Einbildung, Täuschung oder gar Selbsttäuschung ist, in die Ausgestaltung des Motivs ein.

Das Motiv in Der Sandmann

Das Motiv klingt erstmals an, als Nathanael beim heimlichen Beobachten der von Coppelius und seinem Vater unternommenen Versuche erwischt wird. Die Augen werden ihm gelassen, aber seine Gliedmaßen werden auseinander- und wieder zusammengeschraubt. Nathanael wird zum seelenlosen Studienobjekt degradiert, mit dessen Hilfe Coppelius Einblick in den göttlichen Bauplan nehmen will. „Der Alte hat's verstanden!" (HL S. 10/R S. 10). Wissenschaftliches Forschen geschieht heimlich, ist frevlerisches Tun, der Forscher beraubt den Gegenstand seiner natürlichen Würde und unterwirft ihn seiner Macht und Willkür. In gleicher Weise dient die Tätigkeit von Spalanzani und Coppola nicht einem Forschungsinteresse. Spalanzani hat als „Mechanicus und Automat-Fabrikant" (HL S. 32/R S. 38) zusammen mit dem „Mechanicus und Opticus" (HL S. 24/R S. 28) Coppola zwanzig Jahre darauf

---

24 Ebd., S. 336.

3.6 Stil und Sprache

Olimpia – eine täuschend echte Puppe

verwandt, eine Puppe so zu gestalten und auszustatten, dass sie täuschend echt wirkt. In Olimpia soll der Automat zum Menschen gemacht werden.

Aber auch das Gegenteil ist im Text vorhanden: Der Erzähler rückt das Tun von Spalanzani und Coppelius/Coppola in die Nähe des Diabolischen. Ein neuer Mensch sollte geschaffen werden. Sie wirken insgeheim als Zaubermeister und Nathanael wird durch sie „festgezaubert" (HL S. 9 und 24/R S. 8 und 29). Durch ihr Geschöpf Olimpia üben sie über Nathanael Macht aus. Mit Wohlgefallen beobachten sie, wie Nathanael Olimpia verfällt. Beim Blick auf sie durch das Perspektiv vergisst er alles und Coppola weckt ihn mit der Aufforderung zum Zahlen aus einem tiefen Traum. Bei Olimpia scheint es Nathanael, als sei er in einer anderen Welt, und Spalanzani ist darüber „ganz seltsam zufrieden" (HL S. 27/R S. 32).

Schaffung eines neuen Menschen

An der Belebung der Puppe Olimpia ist Nathanael beteiligt. Sein Blick durch Coppolas Perspektiv erweckt sie erst zum Leben. Ihre Meister haben ihr Schönheit und mechanisches Verhalten gegeben, sie kann gleichmäßig singen und tanzen. Durch Nathanael wird Olimpia sehend. Er hingegen wird vollends blind für die Wirklichkeit und begibt sich auf die Bahn des Todes. Er legt seine Wünsche in sie hinein. Ihr ebenmäßiges Aussehen ist für ihn „himmlischer Liebreiz" (HL S. 28/R S. 34), ihre wenigen Worte sind für ihn eine „echte Hieroglyphe der innern Welt" (HL S. 29/R S. 35). Die Hinweise seines Freundes Siegmund auf ihren starren Blick, die mechanische Bewegung und den leblosen Blick bringen ihn nicht von seiner Sicht ab. Gegenüber Siegmund verhält sich Nathanael so wie schon gegenüber Lothar.

Belebung der Puppe durch Nathanael

Wie Pygmalion hat er ein Geschöpf belebt, von dem er sich verstanden fühlt. Olimpia stellt für ihn die Verwirklichung seiner Wünsche dar. Das macht ihn für die Wirklichkeit blind und die Kritik von anderen greift ins Leere. Nathanael meint durch Olimpia

Nathanael wird blind für die Realität

3.6 Stil und Sprache

frei zu werden, in Wirklichkeit zieht er sich aus der Realität zurück. Sein Narzissmus hat ihm die Perspektive verkehrt: Clara stößt er als „lebloses, verdammtes Automat!" (HL S. 21/R S. 25) von sich, um Olimpia wirbt er. Er bemerkt nicht, dass ihm Clara trotz ihrer Begrenzungen („kaltes prosaisches Gemüt", HL S. 20/R S. 23) grundsätzlich zugetan und um Verständnis bemüht ist.

Narzissmus verkehrt die Perspektive

Als Android ist Olimpia mit Gesangs-, Tanz- und Sprechfähigkeiten ausgestattet. Ihr Verhältnis zu Nathanael ist von besonderer Art. „Das Verhältnis zwischen dem Automaten, der menschlich zu sein scheint, und dem Menschen, der ihn darin akzeptiert, ist parasitär: Nur auf Kosten Nathanaels kann Olimpia ihm lebendig erscheinen"[25]. Für Nathanael hat das die Folge, dass er blind für die Realität wird.

> „Hoffmann verklammert das Automatenmotiv auch unter dem Aspekt von Selbstbestimmung und Willensfreiheit mit der Krankheitsgeschichte. Nathanael handelt, als der Wahnsinn ausbricht, ‚mechanisch', sein Handeln wird der Automatenbewegung gleichgesetzt, er folgt dem Schema Reiz-Reaktion."[26]

Das mechanische Handeln ist auch für das Bürgertum in der Erzählung charakteristisch. Zwar sind die Teilnehmer der Teegesellschaft bestürzt, ohne jedoch ihr Verhalten in der Folge grundlegend zu verändern.

Mechanisches Handeln

Mit seiner Ausgestaltung des Automatenmotivs greift Hoffmann geschichtliche und zeitgenössische Aspekte auf und führt sie zu einem vielschichtigen Gebilde zusammen. Darin sind noch einzelne Elemente erkennbar, die auf Aufklärung oder Romantik verweisen.

---

25 Ebd., S. 337.
26 Ebd., S. 338.

3.6 Stil und Sprache

Auch gibt es Berührungspunkte mit Zeitgenossen wie z. B. Jean Paul. Doch fügen sie sich nicht zu einer eindeutigen durchgängigen Bedeutung zusammen.

Divergente Motivstränge

„Hoffmann vereinigt verschiedene Motivstränge zu einem Motivkomplex, dies aber so, dass die Divergenz der Motivkomponenten eine eindeutige Auflösung des Motivs gerade nicht mehr erlaubt. Der Erzählprozess selbst ist die Schichtung geistesgeschichtlich divergenter Motivstränge zu einem Motivkomplex; wiederum wird dieser durch die so entstandene Rätselhaftigkeit des Motivs zum Beweggrund (,Motiv') für den Erzählprozess."[27]

Insofern vollzieht sich auf der Motivebene, was auch schon auf der Ebene der Personen, der Handlung und der Erzählweise festgestellt wurde und als Ambivalenz bezeichnet wird.

---

[27] S. Vietta: „Das Automatenmotiv und die Technik der Motivschichtung im Erzählwerk E.T.A. Hoffmanns." *Mitteilungen der E.T.A. Hoffmann-Gesellschaft* 26 (1980), S. 27.

3.7 Interpretationsansätze

ZUSAMMENFASSUNG

Umbruch und Gegensätze finden sich nicht nur in der Biografie E.T.A. Hoffmanns, sondern auch in seinem Werk und in der Situation seiner Zeit. Die gegensätzlichen Umstände stehen unvermittelt nebeneinander und geben dem Leser Rätsel über den Status des Dargestellten auf. Die Disparität der Elemente ist die Signatur des Textes. Sie verweist auf tief greifende Veränderungen und deutet auf moderne Tendenzen voraus. Die Eigentümlichkeit des Textes und seine Einbettung in die Prozesse bieten Zugänge für die Interpretation.

Die Entstehung der Erzählung *Der Sandmann* fällt in die Zeit eines politischen und kulturellen Umbruchs. Preußen ist dabei, sich nach dem völligen Zusammenbruch von 1806 in nahezu allen gesellschaftlichen Bereichen neu zu organisieren.

Erzählung entsteht in Umbruchzeit

Medizin und Psychologie lösen sich aus dem naturphilosophischen Denken heraus. Die Naturwissenschaften und die Medizin beginnen, sich als experimentelle Wissenschaften zu begründen. Alte und neue gedankliche Ansätze laufen nebeneinander her.

In dieser geistigen Umbruchzeit greift Hoffmann viele heterogene Elemente auf und führt sie zu einem eigenständigen Ganzen zusammen. Anhand der Lebensgeschichte des sensiblen Nathanael stellt der Erzähler aus verschiedenen Perspektiven den Einbruch des Seltsamen und Wunderlichen in die alltägliche Wirklichkeit dar. Die perspektivische Darstellung von Wahrnehmungen und Verhalten der Figuren der Erzählung führt beim Leser zu Irritationen über den Status des Dargestellten.

Einbruch des Wunderlichen in die Realität

3.7 Interpretationsansätze

Der sperrige Text bietet viele, zum Teil auch gegensätzlichen Interpretationszugänge wie z. B. Innenwelt und Außenwelt, Selbst- und Fremdwahrnehmung, Krankheit und Gesundheit, Wahnsinn und Normalität, Künstlertum und Bürgertum, Aufklärung und Romantik, Historizität und Modernität. In diesen Umkreis gehört auch das Motiv des Automaten.

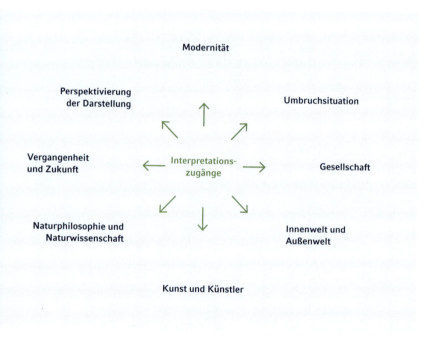

Die Disparität der Elemente macht die Eigentümlichkeit des Textes aus. Sie liegt dem grotesken, bizarren, unheimlichen Charakter zu Grunde, der für Hoffmanns Werke kennzeichnend ist.

3.7 Interpretationsansätze

Die Zugänge lassen sich folgendermaßen in Aspekte aufgliedern:

INTERPRETATIONSANSÄTZE

Modernität

→ Automat
→ Innenwelt und Außenwelt
→ Ambiguität
→ Perspektivität
→ Erzählweise
→ Lesersteuerung

Hoffmanns Erzählweise

→ Status des Erzählten
→ Rolle des Erzählers
→ Ambiguität
→ Erzählkonzept

Wissenschaft und Erkenntnis

→ Naturphilosophie und Naturwissenschaft
→ Wahnsinn
→ Gesundheit und Krankheit
→ Aufklärung und Romantik

Menschenbild

→ Künstler und Bürger
→ Normalität
→ Krankheit und Gesundheit
→ Aufklärung und Romantik

4. REZEPTIONSGESCHICHTE

ZUSAMMEN-
FASSUNG

→ Für die Einschätzung des Verhältnisses zwischen Text und Wirklichkeit sind verschiedene Positionen eingenommen worden.
→ Für das Verständnis des Textes als Krankengeschichte finden sich innerhalb des Textes viele Ansatzpunkte. In die Darstellung Nathanaels, seines Verhaltens und seines Geschicks sind Hoffmanns Kenntnisse der zeitgenössischen Medizin eingeflossen. Er teilt das Interesse für psychologische Phänomene und besonders das Künstlerproblem mit vielen Zeitgenossen, während andere mit heftiger Ablehnung und Schmähung Hoffmanns reagieren.
→ Eine andere Möglichkeit besteht darin, die Darstellung als Wirklichkeit eigener Art zu verstehen. Dafür sind das Unheimliche und das Groteske zentrale Begriffe.

Krankengeschichte

In Bamberg hatte E. T. A. Hoffmann Umgang mit dem Nervenarzt A. F. Marcus. Dieser ermöglichte ihm, an Patienten Geisteskrankheiten näher zu beobachten. Die Behandlung von Nervenkrankheiten erhielt in jener Zeit durch die theoretischen Arbeiten von P. Pinel (1745–1826) und J. Chr. Reil (1759–1813) neue Impulse. Sie bewirkten, dass Geisteskrankheiten seitdem als grundsätzlich heilbar galten und dass Zwangsmaßnahmen abgeschafft wurden. Die Romantiker brachten besonders dem Wahnsinn großes Interesse entgegen. Sie sahen darin einen zentralen Aspekt der Künstlerproblematik. Dies ist auch noch Hoffmanns Hauptfigur in *Der Sandmann* anzumerken, wenn er Clara und Olimpia aus seinen Dichtungen vorträgt.

Wahnsinn als zentraler Aspekt der Künstlerproblematik

Der Vergleich zwischen der zeitgenössischen psychologischen Fachliteratur und Hoffmanns *Der Sandmann* lässt viele Parallelen erkennen. Vor diesem Hintergrund ist die Feststellung F. Auhubers verständlich, dass Nathanaels Schicksal eine Fallgeschichte ist.[28]

Fallgeschichte

Einen anderen Zugang zur Erklärung von Nathanaels Krankheit wählte S. Freud (1856–1939) in seiner Arbeit über das Unheimliche.[29] Es ist „etwas dem Seelenleben von alters her Vertrautes, das ihm nur durch den Prozess der Verdrängung entfremdet worden ist"[30]. Durch einen entsprechenden Anlass wird das Gefühl des Unheimlichen aktiviert. An zwei Handlungszügen macht Freud das Unheimliche in *Der Sandmann* fest: an Nathanaels Augenangst und an der Puppe Olimpia. Er deutet das Motiv des Augenraubs als Kastrationsangst. Das frühkindliche Trauma, das mit dem Sandmann verknüpft ist, wird immer wieder reproduziert und führt schließlich in die Katastrophe.

Gefühl des Unheimlichen

Frühkindliches Trauma

Die als Krankheitsgeschichte verstandene Erzählung wurde auch mit ihrem Verfasser in Verbindung gebracht. W. Scott (1771–1832) vergleicht Hoffmanns Einfälle mit Ideen, die unter Einfluss von Rauschgift entstehen. Daher sei er ein Fall für die Medizin und nicht für die Literaturkritik.[31] Goethe greift diese Schmähkritik auf und trägt sie weiter, indem er auf „die krankhaften Werke jenes leidenden Mannes"[32] verweist. Auch nach H. Heine (1797–1856) sind Hoffmanns Werke „nichts anders als ein entsetzlicher Angstschrei in zwanzig Bänden"[33].

Die Lesart von Nathanaels Schicksal als Krankheit bzw. als Neurose berücksichtigt jedoch nur einen (allerdings wichtigen) Aspekt des

Nathanaels Schicksal als Neurose

---

28 F. Auhuber: *In einem fernen dunklen Spiegel. E T. A. Hoffmanns Poetisierung der Medizin.* Opladen: Westdeutscher Verlag, 1986, S. 58.
29 S. Freud: *Das Unheimliche.* Bd. 4, Studienausgabe in 10 Bänden, hrsg. v. A. Mitscherlich u.a. Frankfurt a. M.: Fischer, 1970, S. 241–274.
30 Ebd., S. 264.
31 Drux, S. 73.
32 Ebd., S. 76.
33 H. Heine, *Sämtliche Werke*, Bd. 9, hrsg. v. H. Kaufmann, 14 Bde. München: Kindler, 1964, S. 90.

Textes. Zwar sind in der Erzählung die zeitgenössischen Interessen an Geisteskrankheiten, besonders am Wahnsinn, noch spürbar. Aber die Erzählung geht nicht darin auf. So wird das Motiv des Wahnsinns mit der romantischen Problematik des Künstlers verknüpft. Dadurch vertritt Nathanael nicht den Typus des Kranken, sondern ist durchaus individuell gezeichnet.[34] Auch hat S. Freud mit seinen Äußerungen nicht eine literarische Interpretation der Erzählung beabsichtigt. Es ging ihm nur darum, das Phänomen des Unheimlichen zu analysieren. Er tat dies am Beispiel des *Sandmann* und kam dabei in einigen Aspekten zu wichtigen Einsichten, die die literarische Interpretation nicht hätte gewinnen können.[35] Insgesamt wird in dieser Lesart der Erzählung und in dem Verständnis seines Verfassers der Gegensatz von Krankheit und Gesundheit wirksam, unter dem die Epochen Aufklärung und Romantik gesehen werden.

Wirklichkeit eigener Art

Eine überzeugendere Möglichkeit, das Verhältnis von Text und Wirklichkeit zu bestimmen, besteht darin, den Text als Wirklichkeit eigener Art zu verstehen. Als zentrale Begriffe für den Status des Textes sind das Unheimliche und das Groteske bestimmt worden.

Zentrale Begriffe: Das Unheimliche, das Groteske

Die Faszination, die von der Angst ausgeht, sieht er als Signum der künstlerischen Existenz in der städtischen Gesellschaft des 19. Jahrhunderts.[36]

Ein anderer Ansatzpunkt für den eigenständigen künstlerischen Status des Textes ist das Groteske. Es wird in Nähe zur romantischen Ironie und Arabeske stehend als Eigenart von künstlerischen Äußerungen gesehen, bei der mehrere, sogar gegensätzliche Ei-

---

[34] Hohoff, S. 298 ff.
[35] Aichinger, S. 125.
[36] Prawer, S. 307.

genschaften unvermittelt mit sich ständig ändernden Mischungsanteilen gegenwärtig sind. Darin können beispielsweise Humor, Ironie, Grausiges und Fantastisches enthalten sein. W. Kayser sieht in der Groteske den „Versuch, das Dämonische in der Welt zu bannen und zu beschwören".[37]

In beiden Ansätzen spielt das Künstlertum Nathanaels eine Rolle. Mit seiner reichen Fantasie ist er das Medium, durch das sich das Unheimliche, das Groteske in der Erzählung Bahn bricht und schließlich über ihn tödliche Gewalt gewinnt. In seiner Zwischenrede weist der Erzähler auf Nathanaels überreiche Empfindsamkeit und das Problem der künstlerischen Gestaltung hin.

Medium des Unheimlichen, Grotesken: Nathanaels Fantasie

> „Seltsamer und wunderlicher kann nichts erfunden werden, als dasjenige ist, was sich mit meinem armen Freunde, dem jungen Studenten Nathanael, zugetragen und was ich dir, günstiger Leser! zu erzählen unternommen. Hast du, Geneigtester! wohl jemals etwas erlebt, das deine Brust, Sinn und Gedanken ganz und gar erfüllte, alles andere daraus verdrängend? Es gärte und kochte in dir, zur siedenden Glut entzündet sprang das Blut durch die Adern und färbte höher deine Wangen. Dein Blick war so seltsam, als wolle er Gestalten, keinem andern Auge sichtbar, im leeren Raum erfassen und die Rede zerfloss in dunkle Seufzer." (HL S. 16/R S. 17 f.)

Der Erzähler formuliert hier Erfahrungen und Auffassungen, die in Hoffmanns eigenen Äußerungen zur Poetik wiederkehren. Auch ergeben sich Berührungspunkte mit der romantischen Poetik, besonders bei Novalis, L. Tieck und F. Schlegel („diese künstlich geordnete Verwirrung, diese reizende Symmetrie von Widersprü-

Hoffmanns Poetik

---

[37] W. Kayser: *Das Groteske. Seine Gestaltung in Malerei und Dichtung.* Oldenburg: Stalling, 1957, S. 33.

chen, dieser wunderbare ewige Wechsel von Enthusiasmus und Ironie"[38]). Daher ist Hoffmanns poetischer Standort folgendermaßen festgemacht worden:

Zwei Stränge der Literaturentwicklung in Hoffmanns Dichtung

„In Hoffmanns Dichtung sind zwei Stränge der Literaturentwicklung verknüpft: die vor allem von Novalis repräsentierte Poetik, die durch ‚Romantisieren' der Wirklichkeit vergleichsweise wenigen Lesern eine ‚Feenwelt', ein ‚Geisterreich' vergegenwärtigen soll, und eine aus den Schauer- und Bundesromanen, aus Dichtungen Tiecks und daneben auch Jean Pauls gebildete Literaturtradition, in deren Werken das Erschrecken über den gespenstisch-unheimlichen Charakter der Welt die geistige Atmosphäre beeinflusst und ein auf seinen Effekt genau kalkulierter literarischer Wirkungsmechanismus in Funktion gesetzt ist, um ein möglichst breites Publikum zu packen und zu verunsichern"[39].

Vor dem Hintergrund von Hoffmanns Poetik und ihres Standortes im Verhältnis zu führenden Romantikern ist das Nebeneinander disparater Qualitäten als Gestaltung mit kalkulierter Wirkungsintention zu sehen.

Historizität und Modernität der Erzählung

Hoffmanns Erzählung verbindet Historizität und Modernität. Seine Dichtung hat durch ihre unheimliche, bizarre und groteske Qualität besonders auf die französische, englische und russische Literatur anregend gewirkt. Auch in der populären Kultur des 19. und 20. Jahrhunderts (Operette, Film, Trivialroman) finden sich seine Themen und Motive wieder.

---

38 F. Schlegel: *Gespräch über die Poesie. Charakteristiken und Kritiken*, I (1796–1801), hrsg. v. H. Eichner. München: Schöningh, 1967, S. 318f.
39 H.-G. Werner: „Der romantische Schriftsteller und sein Philister-Publikum. Zur Wirkungsfunktion von Erzählungen E.T.A. Hoffmanns". *Weimarer Beiträge* 24 (1978), S. 94.

5. MATERIALIEN

In *Die Romantische Schule* informiert H. Heine (1797–1856) das französische Publikum über die zeitgenössische deutsche Literatur. Er bespricht E.T.A. Hoffmann im Zusammenhang mit Novalis und vergleicht sie miteinander. Dabei wird Walter Scotts Urteil, dass es sich bei Hoffmann um einen pathologischen Fall handle, übernommen:

„[...] Über das Verhältnis des Herren Schelling zur romantischen Schule habe ich nur wenig Andeutungen geben können. Sein Einfluss war meistens persönlicher Art. Dann ist auch, seit durch ihn die Naturphilosophie in Schwung gekommen, die Natur vielsinniger von den Dichtern aufgefasst worden. Die einen versenkten sich mit allen ihren menschlichen Gefühlen in die Natur hinein; die anderen hatten einige Zauberformeln sich gemerkt, womit man etwas Menschliches aus der Natur hervorschauen und hervorsprechen lassen konnte. Erstere waren die eigentlichen Mystiker und glichen in vieler Hinsicht den indischen Religiösen, die in der Natur aufgehen und endlich mit der Natur in Gemeinschaft zu fühlen beginnen. Die anderen waren vielmehr Beschwörer, sie riefen mit eigenem Willen sogar die feindlichen Geister aus der Natur hervor, sie glichen dem arabischen Zauberer, der nach Willkür jeden Stein zu beleben und jedes Leben zu versteinern weiß. Zu den Ersteren gehörte zunächst Novalis, zu den anderen zunächst Hoffmann. Novalis sah überall nur Wunder, und liebliche Wunder; er belauschte das Gespräch der Pflanzen, er wusste das Geheimnis jeder jungen Rose, er identifizierte sich endlich mit der ganzen Natur, und als es Herbst wurde und die Blätter abfielen, da starb er. Hoffmann hingegen sah überall nur Gespenster, sie nickten ihm entgegen aus jeder chinesischen Teekanne und jeder Berliner Perücke; er

— Schellings Naturphilosophie

— Natur in Gemeinschaft – Novalis

— Beschwörer der Natur – Hoffmann

— Novalis sah überall nur Wunder

— Hoffmann sah überall nur Gespenster

war ein Zauberer, der die Menschen in Bestien verwandelte und diese sogar in königlich-preußische Hofräte; er konnte die Toten aus den Gräbern hervorrufen, aber das Leben selbst stieß ihn von sich als einen trüben Spuk. Das fühlte er; er fühlte, dass er selbst ein Gespenst geworden; die ganze Natur war ihm jetzt ein missgeschliffener Spiegel, worin er, tausendfältig verzerrt, nur seine eigne Totenlarve erblickte, und seine Werke sind nichts anders als ein entsetzlicher Angstschrei in zwanzig Bänden.

> Hoffmanns Werke: „ein entsetzlicher Angstschrei in zwanzig Bänden"

Hoffmann gehört nicht zu der romantischen Schule. Er stand in keiner Berührung mit den Schlegeln und noch viel weniger mit ihren Tendenzen. Ich erwähnte seiner hier nur im Gegensatz zu Novalis, der ganz eigentlich ein Poet aus jener Schule ist. Novalis ist hier minder bekannt als Hoffmann, welcher von Loeve-Veimars in einem so vortrefflichen Anzuge dem französischen Publikum vorgestellt worden und dadurch in Frankreich eine große Reputation erlangt hat. Bei uns in Deutschland ist jetzt Hoffmann keineswegs en vogue, aber er war es früher. In seiner Periode wurde er viel gelesen, aber nur von Menschen, deren Nerven zu stark oder zu schwach waren, als dass sie von gelinden Akkorden affiziert werden konnten. Die eigentlichen Geistreichen und die poetischen Naturen wollten nichts von ihm wissen. Diesen war der Novalis viel lieber. Aber, ehrlich gestanden, Hoffmann war als Dichter viel bedeutender als Novalis. Denn Letzterer, mit seinen idealischen Gebilden, schwebt immer in der blauen Luft, während Hoffmann, mit allen seinen bizarren Fratzen, sich doch immer an der irdischen Realität festklammert. Wie aber der Riese Antäus unbezwingbar stark blieb, wenn er mit dem Fuße die Mutter Erde berührte, und seine Kraft verlor, sobald ihn Herkules in die Höhe hob, so ist auch der Dichter stark und gewaltig, solange er den Boden der Wirklichkeit nicht verlässt, und er wird ohnmächtig, sobald er schwärmerisch in der blauen Luft umherschwebt.

> Hoffmanns Leser haben zu starke o. zu schwache Nerven

Die große Ähnlichkeit zwischen beiden Dichtern besteht wohl darin, dass ihre Poesie eigentlich eine Krankheit war. In dieser Hinsicht hat man geäußert, dass die Beurteilung ihrer Schriften nicht das Geschäft des Kritikers, sondern des Arztes sei. Der Rosenschein in den Dichtungen des Novalis ist nicht die Farbe der Gesundheit, sondern der Schwindsucht, und die Purpurglut in Hoffmanns Fantasiestücken ist nicht die Flamme des Genies, sondern des Fiebers. Aber haben wir ein Recht zu solchen Bemerkungen, wir, die wir nicht allzu sehr mit Gesundheit gesegnet sind? Und gar jetzt, wo die Literatur wie ein großes Lazarett aussieht? Oder ist die Poesie vielleicht eine Krankheit des Menschen, wie die Perle eigentlich nur der Krankheitsstoff ist, woran das arme Austertier leidet?"[40]

Gemeinsamkeit zw. Hoffmann u. Novalis: Poesie als Krankheit

Zur Konzeption des Künstlertums bei E. T. A. Hoffmann und in *Der Sandmann*:

„Über das Dichtertum, wie es Hoffmann in dieser Erzählung gestaltet hat, wird Wesentliches in der Zwischenrede des Erzählers ausgesagt. Es lohnt sich, darauf näher einzugehen, da – wie zu zeigen sein wird – alles, was hier ausgesagt wird, auch auf Nathanaels Dichtertum zutrifft. Diese thematische Entsprechung von theoretischer Reflexion und poetischer Gestaltung ist einzigartig und entspricht der Forderung Friedrich Schlegels, dass ein Kunstwerk die Reflexion über das Gestaltete und über den Schaffensprozess mitenthalten solle. Der Erzähler wendet sich mit seinen Aussagen über das Dichtertum an den Leser. Der Übersicht halber können diese Aussagen auf fünf Punkte reduziert werden:

Zwischenrede des Erzählers enthält Reflexion über Dichtertum

Fünf Aussagen über das Dichtertum

---

40 Heine, S. 90 f.

Zuhörerschaft	1. Der Dichter ist auf eine Zuhörerschaft angewiesen. Die ganze Zwischenrede ist bereits darauf angelegt, den Leser in das Erzählte zu involvieren. Durch eine rhetorische Frage wird zunächst versucht, den Leser auf das Erlebnis, dem seine ‚Geschichte' entsprungen, einzustellen: ‚Hast du, Geneigtester, wohl jemals etwas erlebt, das deine Brust, Sinn und Gedanken ganz und gar erfüllte, alles andere daraus verdrängend?' Durch die Unterstellung, dass der Leser etwas Ähnliches wie der Dichter erlebt haben könnte, wird eine intimere Beziehung zwischen beiden hergestellt. Sodann wird der Leser auf das Besondere dieser Geschichte vorbereitet; der Autor will sich ihn ‚geneigt machen … Wunderliches zu ertragen, welches nichts Geringes ist.'
Erfahrung	2. Bei der Gestaltung eines Werkes schafft der Dichter aus dem ganzen Spektrum menschlicher Erfahrungsmöglichkeiten. Seine Erlebnisfähigkeit umfasst ‚alles Wunderbare, Herrliche, Entsetzliche, Lustige, Grauenhafte, das sich zugetragen', nichts wird ausgeschlossen.
Zwang	3. Der Dichter steht unter einem Zwang, das im Innern Erlebte und Geschaute mitzuteilen: ‚So trieb es mich denn gar gewaltig, von Nathanaels verhängnisvollem Leben zu dir zu sprechen. Das Wunderbare, Seltsame davon erfüllte meine ganze Seele (…)' Oder, wie er dem Leser unterstellt: ‚Es gärte und kochte in dir, zur siedenden Glut entzündet, sprang das Blut durch die Adern und färbte höher deine Wangen.' Der Dichter steht so ganz unter dem Eindruck eines Erlebnisses, das sich durch ihn mitteilen will. Eine undefinierbare Macht, das ‚Es' treibt den Dichter zu dieser Mitteilung. Auf rationale Weise ist weder diese Macht zu kontrollieren noch lässt sich der Seele, Sinn und Gedanken „ganz und gar" erfüllende Eindruck dieses Erlebnisses aus dem Innern verbannen.

4. Der Dichter will, dass der Leser die Wahrheit des Geschauten erkenne und es neben seiner Alltagswelt auch als eine Wirklichkeit akzeptiere. Die Zuhörer sollen fortgerissen werden, bis sie, wie er, ‚sich selbst mitten im Bilde' sehen, ‚das aus [s]einem Gemüt hervorgegangen.' Und der Erzähler spricht die Hoffnung aus, dass die seiner poetischen Fantasie entsprungenen Gestalten dem Leser so vorkommen, ‚als hättest du die Personen recht oft schon mit leibhaftigen Augen gesehen.' Vielleicht werde der Leser dann glaubhaft finden, ‚dass nichts wunderlicher und toller sei als das wirkliche Leben …' — Wahrheit

5. Der Erzähler verweist schließlich auf ein Existenzproblem des Dichters. Sinn und Grund seiner Existenz hängen davon ab, dass sich jemand für seine Dichtungen interessiert. Das Bedenkliche dieser Situation kommt in des Erzählers Bekenntnis zum Ausdruck: ‚Mich hat, wie ich es dir, geneigter Leser, gestehen muss, eigentlich niemand nach der Geschichte des jungen Nathanael gefragt […]' Daraus ergibt sich die Frage, ob nicht ein Dichter den Mut zu dichten verlieren würde angesichts einer Umwelt, die nichts als Gleichgültigkeit und Interesselosigkeit gegenüber seiner Dichtung zeigt. Würde er nicht, ohne Zuhörer und auf sich selbst zurückgeworfen, an dem inneren ‚Gären' und ‚Kochen', an der ‚siedenden Glut' seines Innern, ersticken? Des Sinnes seiner Existenz beraubt, wird er sie nicht beenden wollen? Hoffmann hat diese Fragen in der Gestaltung des Schicksals Nathanaels beantwortet. Dieser ‚junge Student' bleibt am Ende ohne Zuhörer; er hat auch keine Leserschaft, in der er den Zuhörer voraussetzen könnte, wie dies der Erzähler tut. Zum Leser gewendet, erklärt dieser über sich selbst: — Existenz

‚[…] du weißt ja aber wohl, dass ich zu dem wunderlichen Geschlechte der Autoren gehöre, denen, tragen sie etwas so in sich, wie ich es vorhin beschrieben, so zu Mute wird, als frage jeder, der in ihre Nähe kommt, und nebenher auch wohl noch die ganze Welt: ‚Was ist es denn? Erzählen Sie, Liebster!' Da hinter dem ‚Als-Ob' des Erzählers seine Leserschaft steht, kann er fortfahren zu dichten; dem Nathanael ist dies nicht gegeben."[41]

Hans Mayer sieht die Gründe für die charakteristische Ausgestaltung der Künstlerthematik bei E.T.A. Hoffmann in spezifisch deutschen Verhältnissen:

Leitmotiv Hoffmann'scher Dichtung

„Ein eigentümliches Leitmotiv Hoffmann'scher Dichtung besteht darin, dass die Vereinigung der Liebenden im Zeitgenössischen für unmöglich erklärt wird. Sind aber Kunst und Liebe in einer solchen deutschen Realität nicht möglich (wobei Hoffmann seine satirische Bitterkeit bei den Spießbürgertypen ansetzt, um sie mit zunehmender Schärfe in der Darstellung offizieller Gelehrsamkeit, Künstlerschaft und schließlich in den Verbrecherwelten seiner kleinen Höfe und Fürsten gipfeln zu lassen), so bleibt nur der tragische Ausweg, den Hoffmann in den verschiedensten Formen immer wieder gestaltet hat: Selbstmord, Wahnsinn, Kloster und Einsiedelei. Oder es dringt die mythische Gegenwelt in den Wirklichkeitsbereich, um die Künstler und die Liebenden, die bei Hoffmann meistens identisch sind, aus der Welt deutscher Misere in den ewigen Bereich von Atlantis hinüberzuholen. Atlantis ist Leben in der Poesie, da im realen Deutschland für Hoffmann ein Dichterleben offenbar nicht denkbar sein kann. Man erkennt: Das

Gegeneinander von Realität und Poesie

Gegeneinander der beiden Welten in Hoffmanns poetischem Werk dient letztlich doch nicht, wie bei anderen Romantikern, einer Entwesung der Wirklichkeit. Der epische Dualismus Hoffmanns

---

41 R. Belgardt: „Der Künstler und die Puppe. Zur Integration von Hoffmanns *Der Sandmann*."- *German Quarterly* 42 (1969), S. 686 ff.

ist nicht romantisch im Sinne von Novalis (trotz aller einzelnen romantischen Züge), sondern weit eher sentimentalisch im Sinne von Schillers berühmter Definition. Das Gegeneinander der beiden Welten, der realen und der mythischen, erscheint als Ausdruck ungelöster deutscher Gesellschaftsverhältnisse. Der Satiriker schildert die Unreife und Fäulnis deutscher Verhältnisse, der Elegiker klagt darüber, dass reines Gefühl und reine Kunst offenbar des Mythos bedürfen, um sich zu entfalten. Das Neben- und Ineinander der beiden Welten erweist sich nicht als Entschärfung der Wirklichkeitsdarstellung, die im Bereich ihrer Zeit und Zeitgenossen offenbar keine Möglichkeit sieht, die tiefen Lebenskonflikte anders als durch Ausweichen in den mythischen Bereich zu lösen."[42]

Ausdruck deutscher Verhältnisse

Auf zwei grundlegende Fragen der Interpretation weist John M. Ellis hin:

„There are two major textual problems which criticism of Hoffmann's *Der Sandmann* has found it very difficult to handle in a convincing way. The first is the meaning of the figure of Coppelius/Coppola (including the question whether one figure or two separate ones is involved); the second is the function of the narrator's excursus following his entry into the story at the end of the three letters with which it begins. The purpose of this article is to argue that these two questions are so closely linked that one provides the answer to the other, and that the lack of convincing answers to either one to date can largely be attributed to the fact that they have always been taken in isolation from each other.

The meaning of the figure of Coppelius/Coppola

The function of the narrator's excursus

---

42 Mayer, S. XVIII f.

> A study of mental illness?

> The story's ending

The first of my questions appears to be the more central of the two: it links fairly quickly with most of the other interpretative issues of the tale. For example: can the story be seen simply as a study of progressive mental illness? It will certainly be easier to do so if we regard Coppola and Coppelius as two separate individuals, since then their presumed identity can be seen as part of Nathanael's sickness, the result of a mad-man's paranoid delusions. If, on the other hand, they are one, Nathanael did not imagine a threat to him, but on the contrary perceived one that was real. Clara's function in the story is also linked to the question of Coppelius and Coppola; if the two are separate, Clara is correct and a source of sound judgment, but if they are one, she is deluded in telling Nathanael that lie is imagining things; and that in turn might affect our view of her dismissiveness of Nathanael's fears, and of the value of her calm, common-sense approach to life, both in general, and more particularly for Nathanael. The meaning of the story's ending, again, is directly; linked to this same issue; is Nathanael's final attack of violence simply randomly triggered, and so to be regarded as an inevitable last stage in his mental decay, or does the simultaneous use by Nathanael of Coppola's perspektiv and appearance of Coppelius in the crowd have any part in his breakdown? Even the reader's approach to and conception of the world of the text depends on the separateness or identity of these two figures. If the two are separate, then all departures from the limitations of the everyday real world in which we live can be attributed to Nathanael's insanity; thus, the world of the story is a perfectly normal, sane world, as Clara says it is. If they are not separate then either some extraordinary coincidences occur in the text (for example, the coincidence of Nathanael's meeting the long since disappeared Coppelius in a foreign country) or the world of the story may allow for supernatural events – as do many, but not all of Hoffmann's stories."[43]

S. Vietta schreibt Hoffmanns Ausgestaltung der Motive der Umbruchsituation zu:

„In der älteren Hoffmann-Forschung ist viel von den ‚zwei Welten' in den Erzählungen Hoffmanns die Rede. Diese ja auch aus der Biografie Hoffmanns nahegelegte Interpretation von den zwei Wirklichkeitsauffassungen berücksichtigt allerdings zu wenig, dass diese Wirklichkeitsauffassungen in den Erzählungen Hoffmanns stets an die Perspektive der Figuren rückgebunden werden.

    Auch für die Motivik gilt: Die verschiedenen, zum Teil gegenläufigen Deutungen des Motivkomplexes werden von den Personen der Erzählung selbst vorgetragen, ja die Motivschichtung entsteht wesentlich durch die zum Teil kontroversen Deutungsversuche der Figuren selbst. Man denke etwa an die gegenläufige Deutung des Automaten durch Clara und Nathanael.

    Zwar sind offensichtlich für den Autor bestimmte Deutungsaspekte positiv, andere negativ konnotiert, aber eine eindeutige Aufklärung darüber, ob mittels der Automaten höhere Schicksalsmächte wirken oder ob Automaten nur Manipulationsinstrumente übermächtiger Subjekte sind, erhalten wir auch von dem Autor nicht. Der Autor selbst scheint nicht mit Sicherheit sagen zu können (oder zu wollen), ob Automaten natürliches Leben bloß blöde nachäffen oder ob nicht doch eine „höhere Mechanik" in ihnen sichtbar wird. Auf dieser Rätselhaftigkeit des Phänomens für den

Marginalien: Zwei Welten; Motivkomplex; Hoffmanns Faszination für das Automatenmotiv

---

43 J. M. Ellis: „Clara, Nathanael and the Narrator: Interpreting Hoffmann's *Der Sandmann*", *German Quarterly* 54 (1981), S. 1 f.

Autor selbst beruht wahrscheinlich die Faszination des Automatenmotivs für E.T.A. Hoffmann.

Offensichtlich stand unser Autor hier selbst in einem Perspektivenkonflikt. Er kannte die rationalistische und mechanistische Deutung der Automaten als Modell einer ‚höheren Mechanik', kannte die romantische Kritik daran, stand selbst im Wirkungskreis der romantischen Naturphilosophie, der Lehre vom Magnetismus und las in popularisierenden Enzyklopädien und Zeitschriftenartikeln die kritisch-aufklärerische Analyse von Schwindelautomaten. In der aufgewiesenen Motiv-Schichtung zeigt sich jenes unaufgelöste rezeptionsgeschichtliche Spannungsfeld, in dem Hoffmann selbst stand. Die Perspektivierung des Erzählten, d.h. die Rückbindung der Deutungsebene an die Figuren und die damit einhergehende Relativierung der Kategorie der ‚Wirklichkeit' in den Erzählungen Hoffmanns, ist aber ein ausgesprochen modernes Stilelement. Es weist voraus auf die Erzähltechnik des 20. Jahrhunderts.

Der Perspektivenkonflikt bei Hoffmann ist Ausdruck einer Umbruchsituation, in der das Ideengut des Rationalismus, Materialismus, der Aufklärung, der Romantik in z.T. popularisierender Form vorlag, in den literarischen Salons besprochen wurde und in Zeitschriften und Enzyklopädien sich niederschlug. Es wäre ein eigenes Forschungsprogramm, diese Einbettung eines sich konstituierenden vielperspektivischen Erzählstils in der Kommunikationssituation jener Zeit, die alle Zeichen des Umbruchs aufwies, aufzusuchen und nachzuweisen."[44]

---

44 Vietta, S. 32f.

6. PRÜFUNGSAUFGABEN MIT MUSTERLÖSUNGEN

Unter www.königserläuterungen.de/download finden Sie im Internet zwei weitere Aufgaben mit Musterlösungen.

Die Zahl der Sternchen bezeichnet das Anforderungsniveau der jeweiligen Aufgabe.

Aufgabe 1 ***

Analysieren Sie die Erzählweise in Hoffmanns Erzählung *Der Sandmann* und die Rolle des Erzählers. Erarbeiten Sie Hoffmanns Erzählkonzept und ordnen Sie es geistesgeschichtlich ein.

Mögliche Lösung in knapper Fassung:

Die Aufgabe des Erzählens wird in E.T.A. Hoffmanns Erzählung *Der Sandmann* auf unterschiedliche Art und Weise wahrgenommen.

HINFÜHRUNG ZUM THEMA

In drei Briefen berichten Nathanael, Lothar und Clara über Begegnungen, Ereignisse und ihre Einschätzungen darüber. Sodann wendet sich ein Erzähler an den „geneigten Leser" mit Überlegungen zu Schwierigkeiten und Möglichkeiten, Nathanaels Schicksal zu erzählen. Nach einem Rückblick wird die Geschichte der Hauptfigur bis hin zum Selbstmord dargestellt.

ÜBERBLICK

Im ersten Brief erfolgt die Darstellung des Geschehens im Rückblick. Als Nathanael seinen Brief beginnt, liegt die Begegnung mit Coppola gerade so weit hinter ihm, dass er sich hat fassen können. Sie belebt seine kindliche Angst vor dem Sandmann wieder und verstärkt seine Auffassung, dass über ihm ein lebens-

ERARBEITUNG DER ERZÄHLWEISE

bedrohendes Verhängnis waltet. Dagegen setzen Clara und Lothar die Auffassung, dass Nathanael an Einbildung leidet. Gefahr erwachse daraus nur, wenn einem Phantom Platz in Gedanken und Gemüt eingeräumt wird.

Beide Verstehensmodelle werden ohne Entscheidung nebeneinander gesetzt. Mehrdeutigkeit ist für die Erzählung insgesamt charakteristisch.

Das Arrangement der Briefe ist eine Leistung des Erzählers, der sich sodann als Person in der Erzählung zu Wort meldet. Er gibt die Briefe als dokumentarisch aus und erörtert aus eigener Perspektive Probleme des Erzählens. Nathanaels Geschichte wird als Beispiel für den Einbruch des Seltsamen und Wundersamen in die Realität bezeichnet.

Der gestaltende Zugriff des Erzählers zeigt sich im Folgenden u.a. in der chronologischen und auf wenige Begebenheiten konzentrierten Anordnung des Erzählten.

Der Erzähler ist in der gesamten Erzählung anwesend. Während die Briefe in der Ich-Form und die Zwischenrede des Erzählers als Dialog mit dem Leser abgefasst sind, ist die chronologische Darstellung von Nathanaels Schicksal in der Er-Form geschrieben. Der Erzähler treibt das Geschehen allwissend und einfühlend kommentierend seinem tragischen Ende entgegen. Vor der abgesetzten Schlussszene sorgt noch einmal ein gesellschaftskritischer Exkurs des Ich-Erzählers für eine retardierende Wirkung.

ERARBEITUNG DES ERZÄHLKONZEPTS

E.T.A. Hoffmanns Erzählung zeigt nicht nur das Schicksal Nathanaels, sondern auch einen Erzähler, der virtuos die Möglichkeiten des Erzählens nutzt. Der Text beinhaltet nicht nur eine Erzählung und einen Erzähler, sondern auch den Vorgang des Erzählens und ein Konzept dafür. Der Erzähler will den Einbruch des Wunderbaren und Seltsamen in die Wirklichkeit darstellen. Dafür probiert er unterschiedliche Anfänge aus, und zwar den Märchenanfang, den Beginn „ab ovo" und den Einstieg „medias in res". Sie stellen unterschiedliche Erzählmodi dar, die sich in der Einstellung zum Geschehen und zur Hauptfigur unterscheiden. Der Märchenanfang greift das Element des Wunderbaren auf, doch es fehlt das glückliche Ende. Die beiden anderen Darstellungen vermitteln nur teilweise richtige Eindrücke. Deshalb wählt der Erzähler in Analogie zur Malerei einen anderen Zugang. Er zeichnet zunächst den Umriss, den er dann farbig ausfüllt. In diesem Verständnis stellen die drei Briefe den Umriss dar, der durch die Wiederaufnahme der Erzählung ausgefüllt wird.

Der Einbruch des Wunderbaren in die Wirklichkeit, den der Erzähler realisieren will, verweist auf E.T.A. Hoffmanns „serapiontisches Prinzip", das er im dritten Band der *Serapionsbrüder* in der Erzählung *Die Brautwahl* formuliert. Danach geht es dem Erzähler darum, „das Märchenhafte in die Gegenwart, in das wirkliche Leben zu versetzen"[45]. Diese Absicht ist vor dem Hintergrund der romantischen Naturphilosophie zu sehen. Um die Wirklichkeit zu poetisieren, bedarf der Dichter der Fantasie und der Fähigkeit eine eigenständige Wirklichkeit zu entwerfen. Mehrdeutigkeit im Text und Spiel mit der Erzählerrolle tragen dazu bei.

EINORDNUNG IN WERK UND GEISTESGESCHICHTE

---

[45] E.T.A. Hoffmann: *Poetische Werke in sechs Bänden*, Bd. 4, S. 113.

| 1 SCHNELLÜBERSICHT | 2 E.T.A. HOFFMANN: LEBEN UND WERK | 3 TEXTANALYSE UND -INTERPRETATION |

Aufgabe 2 *

Analysieren Sie die Darstellung des Bürgers in E.T.A. Hoffmanns Erzählung *Der Sandmann*. Arbeiten Sie dabei die Grenzen und Gefährdungen heraus.

Mögliche Lösung in knapper Fassung:

HINFÜHRUNG ZUM THEMA

Die Erzählung *Der Sandmann* von E.T.A. Hoffmann stellt die Lebensgeschichte des sensiblen Nathanael dar. Er entstammt einer bürgerlichen Familie und hat mit Clara und Lothar ein bürgerliches Umfeld, das ihn jedoch trotz intensiver Zuwendung nicht zu halten vermag. Am Ende steht der Selbstmord der Hauptfigur.

ELEMENTENHAFTE ANALYSE

Nathanael wächst in einer als Idylle dargestellten familiären Situation auf. Der Vater ist tagsüber außer Haus und geht dem Broterwerb nach, die Mutter kümmert sich um die Kinder. Zum Abendessen versammelt sich die Familie um den Tisch. Das Glück wird im häuslichen Kreis genossen. Tabakrauchen und Biertrinken erhöhen als erlaubte Genussmittel die familiäre Behaglichkeit.

Doch das bürgerliche Glück ist bedroht.

Coppelius, als Advokat ein angesehenes Mitglied der Gesellschaft, verkehrt in Nathanaels Elternhaus. Wann immer sein Kommen bevorsteht, ändert sich das Verhalten der Eltern. Der Vater schweigt, die Mutter wird traurig. Das abschreckende Aussehen von Coppelius und sein feindliches Verhalten haben Nathanaels Vorstellung des Sandmanns vom märchenhaften Kinderfreund in eine Schreckensgestalt verwandelt. Nathanael stellt Nachforschungen an und entdeckt, dass Coppelius mit dem Vater alchemistische Versuche macht. Dabei ereignet sich eine Explosion. Der Vater kommt dabei ums Leben, und Coppelius ist verschwunden.

Die Zerstörung der Kindheit durch Coppelius ist für Nathanael eine Belastung, die durch weitere Ereignisse immer wieder geweckt und vergrößert wird.

ZWISCHEN-ERGEBNIS

Nathanael wächst zusammen mit Lothar und Clara auf. Mit ihr verlobt er sich später. Eine Begegnung, die ihn an den „Sandmann" erinnert, versetzt ihn in Angst und Schrecken, doch beide haben für seine Auffassung, dass über ihm ein tödliches Verhängnis waltet, kein Verständnis. Sie halten das für Einbildung. Er soll sich seine Vorstellungen aus dem Kopf schlagen.

FORTSETZUNG DER ANALYSE

Nathanael und Clara stehen im Gegensatz zueinander. Clara steht für die bürgerlichen Eigenschaften Einfachheit, Beschränkung, Heiterkeit des Sinns. Clara nimmt die Dinge, so wie sie sich ihr darbieten. Daher hat sie für Nathanael kein Verständnis. Sie missbilligt sein dichterisches Tun, und er beschimpft sie als Automaten.

VERGLEICH

Die Begegnung mit der Wirklichkeit macht Nathanael krank. Nach der Entdeckung von Coppelius bekommt er Fieber und ist wochenlang krank. Sein Leben vollzieht sich schubweise im Wechsel von Krankheit und Gesundheit. Nathanael endet als Kranker, Zerrissener, Wahnsinniger durch Selbstmord.

FOLGEN

Indem Clara bürgerlich tugendsam lebt, ist sie keinen Gefahren ausgesetzt und findet mit ihrer heiteren unkomplizierten Lebenseinstellung am Ende gar noch das bürgerliche Glück in der familiären Idylle.

Die Beschimpfung Claras durch Nathanael als leblosen Automaten nimmt dessen Begeisterung für die Holzpuppe Olimpia vorweg. Die leblose Puppe wird von Nathanaels Blick belebt. Dieser hält sie für Spalanzanis Tochter. Sie wird der Gesellschaft auf einem Fest vorgeführt. Nathanael bemerkt nicht, dass ihre Bewegung mechanisch ist, der Blick ausdruckslos, die Stimme schrill, der Wortschatz begrenzt. So wie er schon in die begrenzte Clara

VERTIEFUNG

ERGEBNISSE

hineingelegt hat, was er in ihr sehen wollte, verfährt er auch bei Olimpia. Als er entdeckt, dass Olimpia nur eine Puppe ist, verfällt er dem Wahnsinn.

An dem Verhalten zur Puppe Olimpia wird auch die Beschränkung der bürgerlichen Gesellschaft offenbar. Sie fühlt sich betrogen oder deutet den Vorgang um.

Clara bzw. Olimpia und Nathanael stellen Gegensätze dar. Desgleichen stehen im von Clara vertretenen bürgerlichen Selbst- und Fremdbild Bürger und Künstler, Gesundheit und Krankheit, Normalität und Wahnsinn einander gegenüber. Dabei ist nicht zu übersehen, dass E.T.A. Hoffmann Claras Begrenzungen ironisiert. Zwischen ihr und der Holzpuppe Olimpia besteht in der Reaktion auf Nathanaels Begeisterung deutliche Übereinstimmung in Sprache und Verhalten.

Auch die Gesellschaft wird kritisiert, wenn sie etwa als Ergebnis auf die Vorführung Olimpias beschließt, zu gähnen und nicht zu niesen.

Mit seiner Konformität und gedanklichen Dürftigkeit findet der Bürger keineswegs Sicherheit vor Gefährdung. Die Fassade ist brüchig, und seine Begrenzung macht ihn anfällig für den Einbruch des Irrationalen.

Aufgabe 3 ***

Untersuchen Sie, welche Wege zur Erkenntnis in E. T. A. Hoffmanns Erzählung *Der Sandmann* dargestellt werden. Analysieren Sie, in welche bewertenden Zusammenhänge sie eingerückt werden.

Mögliche Lösung in knapper Fassung:

HINFÜHRUNG ZUM THEMA

Mit den beiden Auffassungen der Wirklichkeit, die im Briefwechsel von Nathanael und Clara vertreten werden, und dem Personenpaar Coppelius und Coppola, die beide unheilvoll auf Nathanael Einfluss nehmen, sind zwei Wege zur Erkenntnis dargestellt.

Nathanael sieht über sich ein Verhängnis walten, während Clara dies für eine Einbildung hält. Beide Auffassungen sind ohne Entscheidung gegeneinander gesetzt.

Die Ähnlichkeit der Namen Coppelius und Coppola unterstreicht die Frage, die im Text selbst unbeantwortet bleibt, ob es sich um eine oder zwei Personen handelt. Wenn es sich um dieselbe Person handelt, Coppola also ein Doppelgänger von Coppelius ist, dann hat Nathanael Recht, dann wird er von schicksalhaften Mächten bedroht und am Ende vernichtet. Wenn es sich jedoch um zwei Personen handelt, dann hat sich Nathanael die Bedrohung eingebildet. Er ist krank, wird am Ende wahnsinnig und nimmt sich das Leben.

EINORDNUNG

Nathanaels Auffassung ist vor dem Hintergrund der romantischen Naturphilosophie und Hoffmanns Dichtungstheorie zu sehen. Claras Auffassung steht mit der Aufklärung und ihrem Menschenbild in Zusammenhang.

Nach J. G. Fichte ist die Natur eine Schöpfung des Menschen, und der Künstler ist die Steigerung des Menschen. F. W. Schelling kehrt das Verhältnis von Mensch und Natur um: Der Geist ist das

Produkt der Natur. Schellings Konzept wurde von G. H. Schubert popularisiert. Das verlorene Weltganze soll wieder hergestellt werden. Dazu gehören Ahnung, Fantasie, Spekulation.

Die Auffassungen G. H. Schuberts haben das Interesse der Romantiker für die „Nachtseiten" der menschlichen Natur unterstützt. Dazu gehören Schlaf, Traum, Tod, Alchemie, Dichtung.

BEGRIFFS-ERKLÄRUNGEN

Das Bild der Hieroglyphe, das im *Sandmann* auf Clara und Olimpia bezogen wird, ist ein Schlüsselbegriff in Schuberts Denken. Es bezeichnet den symbolischen Verweis eines Dings auf den Urgrund. Auch die Zwischenrede des Erzählers in der Erzählung *Der Sandmann* an den „geneigten Leser" über das Seltsame und Wunderbare und E.T.A. Hoffmanns „serapiontisches Prinzip", das eine Figur im Zusammenhang mit einer anderen Erzählung E.T.A. Hoffmanns als Aufgabe des Dichters formuliert hat, wird von hierher verständlich. Danach sollen die Grenzen des Alltäglichen in Richtung des Märchenhaften und Sonderbaren überschritten werden. Voraussetzung dafür ist, dass der Dichter fähig ist, das Sonderbare, Märchenhafte und Unheimliche zu sehen und zu vermitteln. Deren Einbruch in die Wirklichkeit ist Nathanael ausgesetzt.

Auch die Alchemie ist im *Sandmann* unübersehbar vertreten. Sie ist am deutlichen mit dem Personenpaar Coppelius/Coppola verbunden.

SACH-ERKLÄRUNGEN

Alchemistisches Forschen ist kontemplativ, auf das ganzheitliche Erfassen der Natur unter Einschluss des Menschen gerichtet. Gegensätze, elementare Unterschiede sollen überwunden werden. Gold, ein neues Element, ein neuer Mensch sollen erschaffen werden. Daher sind alchemistische Vorgänge sexuell konnotiert. Für die Neuschöpfung sind Vereinigung und Energiezufuhr (Hitze, Glut, Feuer, Blitz) nötig.

Alchemisten forschen im Geheimen. Ihr Tun ist frevlerisch, sie haben teuflische Züge an sich (Dampf, Feuer, Geruch) und werden vom Tod bedroht. Sie stehen am Rande oder außerhalb der Gesellschaft. Sie verschwinden und tauchen wieder unerwartet auf.

Seit der Aufklärung hingegen beruht Wissenschaft auf dem Gebrauch des Verstandes und der Verwendung von Begriffen. Claras Name deutet auf ihre aufklärerische Einstellung hin. Als ihr Nathanael von der Begegnung mit Coppola schreibt, ist sie bestrebt, den Dingen auf den Grund zu gehen. Allerdings urteilt sie nur auf der Basis von Wissen aus zweiter Hand und versteht auch nicht alles. Die Ratschläge, die sie Nathanael gibt, sind recht schlicht. Sie sind geprägt von der eingeschränkten Lebenserfahrung des Bürgertums, das in allem auf Mäßigung und Regelmäßigkeit setzt. Was davon abweicht, wird als Krankheit gesehen und ausgegliedert. Die Erfahrung lässt sich auf einfache Regeln bringen: Man bedarf nur eines heiteren Sinns, um ungefährdet durchs Leben zu kommen. Die Aufklärung ist in der Praxis durch das Bürgertum verwässert worden.

RÜCKBEZUG AUF TEXT

Das Konzept des Automaten hat die Menschen besonders in der Aufklärung gefesselt. Er passt zur Vorstellung des Menschen als einer Maschine. Dem breiten Publikum wurden Automaten auf Jahrmärkten vorgeführt, und ihre Leistungen wurden lebhaft diskutiert. Auch in der romantischen Literatur ist das Motiv weit verbreitet, und auch E. T. A. Hoffmann hat mehrfach davon Gebrauch gemacht. Spalanzani, der zusammen mit Coppola die Olimpia genannte Puppe gebaut hat, will herausfinden, ob sie für echt gehalten wird. Bei Nathanael gelingt dieses Experiment, bis er durch einen Streit der beiden Konstrukteure herausfindet, dass sie nur eine Puppe ist.

SACHERKLÄRUNG

RÜCKBEZUG AUF TEXT

Olimpia und Clara, die er als Automaten beschimpft hat, ist gemeinsam, dass Nathanael sie als Hieroglyphen einer reichen inneren Welt sieht. Hier verbinden sich die naturphilosophische und die aufklärerische Sicht. Beide gehen eine Verbindung ein. Hier

ERGEBNISSE

wiederholt sich, was eingangs für die beiden Wirklichkeitsauffassungen und das Personenpaar Coppelius/Coppola gesagt wurde.

So ergeben sich einerseits Gegensätze, die sich aber bei genauerem Hinsehen auflösen. In der Romantik und bei Hoffmann ist zu beobachten, wie sich die Disziplinen wie Naturwissenschaften, Literatur, Psychologie von der Philosophie und Naturphilosophie ablösen, zugleich aber sind sie noch so miteinander verbunden, dass eine eigenständige Wirklichkeit vorliegt, die zudem ihre eigene Theorie mitbringt.

Aufgabe 4 *

Untersuchen Sie das Verhältnis von Innenwelt und Außenwelt in E.T.A. Hoffmanns Erzählung *Der Sandmann*. Analysieren Sie die Darstellung im Text und ordnen Sie sie geistesgeschichtlich ein.

HINFÜHRUNG ZUM THEMA

Mögliche Lösung in knapper Fassung:

Nathanael nimmt die Ereignisse der Wirklichkeit als bedrohliche Eingriffe der Außenwelt wahr. Was außen geschieht, hat eine Beziehung zu seinem inneren Leben. Die äußeren Ereignisse beschäftigen seine Fantasie, in ihm entstehen schreckliche Bilder. Seine Wahrnehmungen erwecken in ihm Entsetzen. So wird aus dem Ammenmärchen vom Sandmann in Nathanaels Vorstellung eine unheilvolle Erscheinung. Sie begründet seine Überzeugung, dass über ihm zerstörerische Mächte walten.

Clara und Lothar bestreiten, dass die Ereignisse der Außenwelt für Nathanaels Schrecken ursächlich sind. Das Entsetzen ist Ergebnis innerer Vorgänge. Sie sind Ergebnis von Einbildung, Phantome.

Die beiden Sehweisen sind unüberwindbar. Die Seele als Organ des Geheimnisvollen steht gegen das gefühllose Gemüt, das nur die Oberfläche kennt. Für Nathanael ist überall das Wirken eines äußeren bösen, feindlichen Prinzips wirksam, für Clara ist das Schwärmerei.

Nathanael erschafft sich seine eigene Wirklichkeit, indem er seiner Außenwelt erwünschte Eigenschaften zuschreibt.

Clara begnügt sich mit der Außenwelt, so wie sie sich ihr darbietet. Sie verfügt über keine Eigenschaften, die sie nach außen kehren könnte.

Nathanael wirft ein Auge auf Olimpia. Trotz des Hinweises auf ihre mechanischen Eigenschaften sieht er in ihr eine Hieroglyphe der reicheren inneren Welt. Blick, Hand und Kuss erwecken die Puppe für Nathanael zum Leben. Wo Andere Lebenskraft und Sehkraft bei Olimpia vermissen, wird er von ihrem Liebesblick beglückt. Das Auge verbindet Innen und Außen. So wie sich der Sehende in der Pupille seines Gegenübers spiegelt, so findet sich Nathanael in Olimpia. Erst als sich ihre Konstrukteure um Olimpia streiten und Spalanzani ihre Augen nach Nathanael wirft, erkennt er, dass sie eine leblose Puppe ist. Schon der Sandmann hatte Nathanael die Augen rauben wollen und ihm an Armen und Beinen geschraubt.

Nathanaels Schicksal wird von einem Erzähler dargestellt, der sich an den „geneigten Leser" wendet. Er will ihm das Wunderbare und Seltsame in Nathanaels geheimnisvollem Leben vermitteln. Er möchte sein Interesse wecken, indem er beim Leser die Erfahrung anspricht, dass er etwas Wunderbares, Herrliches, Entsetzliches, Lustiges, Grauenhaftes schildern will, ohne dass ihm die rechten Worte dafür kommen. Ebenso gehe es ihm. Deshalb habe er mit Hilfe der Wiedergabe von Briefen wie ein Maler zunächst einen Umriss gemacht, der danach ausgefüllt wird.

ZUSAMMENFASSUNG

ERLÄUTERUNG

ELEMENTENHAFTE ANALYSE

VERTIEFUNG

Die Aufgabe des Schriftstellers, starke Gefühle, die sogar im Gegensatz zueinander stehen können, zu empfinden und zu vermitteln, setzt eine große Einbildungskraft voraus, welche die Gegebenheiten von Welt und Gesellschaft außer Kraft setzt. Innenwelt und Außenwelt stellen keine Gegensätze mehr dar. Der Künstler bestimmt mit seiner erfüllten Innerlichkeit die Wirklichkeit. Die Aufgabe des Künstlers wird auch von E.T.A. Hoffmann so gesehen. Im dritten Band der *Serapionsbrüder* bezeichnet es der fiktive Verfasser der Erzählung *Die Brautwahl* als seine Absicht, „das Märchenhafte in das wirkliche Leben zu versetzen"[46]. Dafür wurde der Begriff „serapiontisches Prinzip" geprägt. Danach sollen die Grenzen des Alltäglichen in Richtung auf das Märchenhafte und Sonderbare überschritten werden. Die alltägliche Wirklichkeit soll poetisiert werden. Die romantische Subjektivität setzt auf souveräne Weise mit Hilfe der Ironie ein neues Bezugssystem, in dem die Verhältnisse der realen Welt auf groteske Weise verzerrt werden können. Komik und Ironie gestalteten eine reiche innere Welt. Dabei sind die Übergänge vom Realen zum Fantastischen, vom Normalen zum Anormalen, vom Gesunden zum Kranken fließend ausgestaltet. Hoffmann ist von den dunklen Seiten der menschlichen Existenz fasziniert.

ÜBERTRAGUNG

Die Erzählung *Der Sandmann* markiert die Umbruchsituation vom 18. zum 19. Jahrhundert, die auch in der Biografie Hoffmanns zu greifen ist. Im Text konkretisiert sich das Verhältnis zwischen Innen und Außen, Bürgertum und Künstlertum, von Normalität und Wahnsinn, von Krankheit und Gesundheit. In diesen Umkreis gehört auch das Motiv des Automaten. Das Groteske, Unheimliche, Bizarre hat seinen Ursprung in der geistigen Situation der Zeit, prägt die Gestalt des Textes und weist auf die Moderne voraus.

---

46 E.T.A. Hoffmann: *Poetische Werke in sechs Bänden*, Bd. 4, S. 113.

LITERATUR

Zitierte Ausgaben:
Hoffmann, E.T.A.: *Der Sandmann. Das öde Haus. Nachtstücke.* Husum/Nordsee: Hamburger Lesehefte Verlag, 2009 (Hamburger Leseheft Nr. 174, Heftbearbeitung: Elke und Uwe Lehmann). → Zitatverweise sind mit **HL** gekennzeichnet.

Hoffmann, E.T.A.: *Der Sandmann*, hrsg. v. Rudolf Drux. Stuttgart: Philipp Reclam jun., 2009 (Reclams Universal-Bibliothek Nr. 230); Nachdruck der durchges. und bibliogr. erg. Ausgabe 2004. → Zitatverweise sind mit **R** gekennzeichnet.

Gesamtausgabe:
Hoffmann, E.T.A.: *Poetische Werke in sechs Bänden.* Berlin: Aufbau, 1963.

Zu E.T.A. Hoffmanns Leben und Werk:
Aichinger, I.: „E.T.A. Hoffmanns Novelle *Der Sandmann* und die Interpretation Siegmund Freuds." *Zeitschrift für deutsche Philologie* 95 (1976), S. 113–132.

Auhuber, F.: *In einem fernen dunklen Spiegel. E.T.A. Hoffmanns Poetisierung der Medizin.* Opladen: Westdeutscher Verlag, 1986.

Belgardt, R.: „Der Künstler und die Puppe. Zur Interpretation von Hoffmanns *Der Sandmann*." *German Quarterly* 42 (1969), S. 686–700.

Bönninghausen, M.: *E.T.A. Hoffmann: Der Sandmann / Das Fräulein von Scuderi.* München: Oldenbourg, 1999. → Umfassende fachliche und fachdidaktische Analyse des Textes.

Brantley, S.: „A Thermographic Reading of E.T.A. Hoffmann's *Der Sandmann*." *German Quarterly* 55 (1982), S. 324–334.

Drux, R.: *Erläuterungen und Dokumente. E.T.A. Hoffmann: Der Sandmann.* Stuttgart: Reclam, 1994. → Schulpraktisch relevante Darstellung zum Text und seiner Wirkung.

Ellis, J. M.: „Clara, Nathanael and the Narrator: Interpreting Hoffmann's *Der Sandmann*." *German Quarterly* 54 (1981), S. 1–18.

Feldges, B. und U. Stadler: *E.T.A. Hoffmann. Epoche – Werk – Wirkung.* München: Beck, 1986.

Freud, S.: *Das Unheimliche.* Bd. 4, Studienausgabe in 10 Bänden, hrsg. v. A. Mitscherlich u. a. Frankfurt a. M.: Fischer, 1970, S. 241–274.

Heine, H.: *Sämtliche Werke*, Bd. 9, hrsg. v. H. Kaufmann, 14 Bde. München: Kindler, 1964.

Hohoff, U.: *E.T.A. Hoffmann: Der Sandmann. Textkritik, Edition, Kommentar.* Quellen und Forschungen zur Sprach- und Kulturgeschichte der germanischen Völker, N. F. 87. Berlin: Walter de Gruyter, 1988. → Aspektreiche Studie.

Kayser, W.: *Das Groteske. Seine Gestaltung in Malerei und Dichtung.* Oldenburg: Stalling, 1957.

Mayer, H.: *Die Wirklichkeit E.T.A. Hoffmanns. Ein Versuch.* Bd. 1, in: E.T.A. Hoffmann: *Poetische Werke in sechs Bänden.* Berlin: Aufbau, 1963.

Prawer, S. S.: „Hoffmann's Uncanny Guest: A Reading of *Der Sandmann*". *German Life and Letters* 18 (1964/65), S. 297–308.

Schlegel, F.: *Gespräch über die Poesie. Charakteristiken und Kritiken,* I (1796–1801), hrsg. v. H. Eichner. München: Schöningh, 1967.

Schubert, G. H.: *Ansichten von der Nachtseite der Naturwissenschaft.* Dresden, 1806.

Vietta, S.: „Das Automatenmotiv und die Technik der Motivschichtung im Erzählwerk E.T.A. Hoffmanns." *Mitteilungen der E.T.A. Hoffmann-Gesellschaft* 26 (1980), S. 25–33.

Wehrle, H. und H. Eggers: *Deutscher Wortschatz. Ein Wegweiser zum treffenden Ausdruck.* Fischer Bücherei. 2 Bde. Frankfurt a. M.: Fischer, 1968.

Werner, H.-G.: „Der romantische Schriftsteller und sein Philister-Publikum. Zur Wirkungsfunktion von Erzählungen E.T.A. Hoffmanns." *Weimarer Beiträge* 24 (1978), S. 87–114.

Internet-Adresse:
http://gutenberg.spiegel.de/?id=5&xid=604&kapitel=1
→ Der Text im Projekt Gutenberg.de

Verfilmungen – Hörspiel:

Olympia. BRD
  Verfilmung für das Fernsehen/ARD/NDR 1983.
  Regie: Thoren Orly.

Olympias Wiederkehr. BRD
  Verfilmung für das Fernsehen/ARD/SWF 1983.
  Regie: Franz Wesel.

Der Sandmann. BRD
  Verfilmung für das Fernsehen/ARD/BR 1983.
  Regie: Dagmar Damek.

Der Sandmann. BRD 1993.
  Regie und Drehbuch: Eckhart Schmidt.

E.T.A. Hoffmann. Der Sandmann.
  Hörspiel, Gruselkabinett Titania 42.
  Verlag Lübbe Audio. 1 CD. 2010.

STICHWORTVERZEICHNIS

Aufbau 36
Aufklärung 41 ff., 46, 88, 92, 94, 98, 109 f., 117, 119
Auge 56, 79, 83, 99, 121
Außen- und Innenwelt 56
Automat 42, 51, 59, 72, 88 f., 91
Briefwechsel 30
Darstellung des Textes 47
Entwicklung Nathanaels 38
Erzähle 105
Erzähler 7, 30 f., 34 ff., 52, 56, 65, 67 ff., 73 ff., 81, 84, 90, 93, 99, 103, 111 ff., 121
Erzählweise 61
Fichte, J. G. 19 f.
Freud, S. 97
Heine, H. 97, 101
Hieroglyphen 43, 44, 119
Hoffmann, E. T. A.
– Biografie 9, 13
– Hintergrund 18
– Immediatkommission 15, 17
– künstlerische Tätigkeit 19
– Laufbahn 13
– Strafversetzung 14
Interpretationsmodelle 67, 89

Krankengeschichte 48, 58, 96
Krankheit 56
Manuskript 25
Puppe 34, 51, 59, 74, 76 f., 86, 90, 97, 115 f., 119, 121
Reformen in Preußen 15 f.
– Menschenbild 16
– Philosophie 16
– Reform und Restauration 17
– Staatsbürger 17
Romantik 19, 41, 73, 80, 88, 92
– Ironie 21
– Subjektivität 21
Sandmann 30, 47, 57, 59, 60
Schelling, F. W. 20
Schlegel, F. 71, 99
Schubert, G. H. 20, 44, 71, 118
Scott, W. 97
serapiontischens Prinzip 84
Spinoza 20
Status des Textes 52, 56 f., 94
Wahnsinn 34, 39, 41, 43, 48, 50, 59, 70, 73, 77, 91, 94, 96, 106, 116, 122

KÖNIGS ERLÄUTERUNGEN
SPEZIAL

Lyrik verstehen leicht gemacht

→ wichtige Prüfungsthemen in allen Bundesländern
→ ideal zur Vorbereitung

Umfassender Überblick über die Lyrik einer Epoche (mit Interpretationen)

Lyrik des Barock
Best.-Nr. 3035-8

Lyrik der Klassik
Best.-Nr. 3023-5

Lyrik der Romantik
Best.-Nr. 3032-7

Lyrik des Realismus
Best.-Nr. 3025-9

Lyrik der Jahrhundertwende
Best.-Nr. 3029-7

Lyrik des Expressionismus
Best.-Nr. 3033-4

Lyrik der Nachkriegszeit
Best.-Nr. 3027-3

Lyrik der Gegenwart
Best.-Nr. 3028-0

Bedeutende Lyriker: Einführung in das Gesamtwerk und Interpretation der wichtigsten Gedichte

Benn
Das lyrische Schaffen
Best.-Nr. 3055-6

Brecht
Das lyrische Schaffen
Best.-Nr. 3060-0

Eichendorff
Das lyrische Schaffen
Best.-Nr. 3059-4

Goethe
Das lyrische Schaffen
Best.-Nr. 3053-2

Heine
Das lyrische Schaffen
Best.-Nr. 3054-9

Kästner
Das lyrische Schaffen
Best.-Nr. 3057-0

Rilke
Das lyrische Schaffen
Best.-Nr. 3062-4

Trakl
Das lyrische Schaffen
Best.-Nr. 3061-7

Die beste Vorbereitung auf Abitur, Matura, Klausur und Referat

DIGITALES ZUSATZMATERIAL

Literarisch vernetzt! Über 600 Materialien online.

Neuerscheinungen, Aktionen, kostenlose Angebote und Infos rund um Literatur.

Melden Sie sich gleich an – es lohnt sich!*

- über **150 Gedichtinterpretationen** je 0,99 Euro
- über **200 Königs Erläuterungen** als PDF
- **Königs Erläuterungen** jetzt auch **als E-Book** für alle gängigen Lesegeräte, iPad und Kindle
- über **50 MP3** mit Audio-Inhaltszusammenfassungen zu gängigen Werken kostenlos!
- + über **150 kostenlose Abituraufgaben**
- + Anleitung „Wie interpretiere ich?" kostenlos!
- + Anleitung „Wie halte ich ein Referat?" kostenlos!
- + Literaturgeschichte von A-Z kostenlos!

Seien Sie immer aktuell informiert mit unserem **Newsletter** oder über unsere **Social-media-Plattformen**.

 Königs Erläuterungen   www.bange-verlag.de

* Sie erhalten max. 1 Newsletter monatlich!

www.königserläuterungen.de   **www.bange-verlag.de**